重学育能

——小学语文助学课堂的探索与实践

李玉玺 ◎ 著

海峡出版发行集团 | 福建教育出版社

图书在版编目（CIP）数据

重学育能：小学语文助学课堂的探索与实践/李玉玺著. —福州：福建教育出版社，2024.1
ISBN 978-7-5334-9742-2

Ⅰ.①重… Ⅱ.①李… Ⅲ.①小学语文课—课堂教学—教学研究 Ⅳ.①G623.202

中国国家版本馆 CIP 数据核字（2023）第 166932 号

Zhongxue Yuneng

重学育能

——小学语文助学课堂的探索与实践

李玉玺 著

出版发行	福建教育出版社
	（福州市梦山路 27 号 邮编：350025 网址：www.fep.com.cn
	编辑部电话：0591-83727542　83726908
	发行部电话：0591-83721876　87115073　010-62024258）
出 版 人	江金辉
印　　刷	福州报业鸿升印刷有限责任公司
	（福州市仓山区建新镇建新北路 151 号 邮编：350082）
开　　本	710 毫米×1000 毫米　1/16
印　　张	13
字　　数	193 千字
插　　页	1
版　　次	2024 年 1 月第 1 版　2024 年 1 月第 1 次印刷
书　　号	ISBN 978-7-5334-9742-2
定　　价	42.00 元

如发现本书印装质量问题，请向本社出版科（电话：0591-83726019）调换。

序

在教与学的关系问题上，教学论学者历来存在诸多不同的见解，但争来辩去常常迷失了问题的重点所在。其实我更关注教学转化的科学与艺术，因为教学转化正是教与学关系背后深藏的关键。国外学者托马斯·阿奎那曾说："教学是教师试图借以尽快摆脱学生的一个过程。"列德金也说："努力去教，使你的学生逐渐不需要你的教育，也就是要他们渐渐地越来越多地得到这样一种能力，能使自己成为自己的教育者。"我国教育家叶圣陶先生更是明确倡导"教是为了达到不需要教"。一旦抓住了重点和关键，便可澄明形形色色的理论遮蔽与实践困惑。李玉玺老师倡导并实践的"助学课堂"，就是紧紧围绕教学转化的时代命题，着力将之付诸实施的重要尝试。其"重学育能"主题的凝结与提炼，便非常准确地将课堂改革取向由教学中心转到学习中心，适应了国内外课堂教学改革发展的趋势。

对于学校教学改革及其成果，我认为主要看两个方面：一是理论上说得通，二是实践上效果好。"理论上说得通"是指要具备相应的理论依据，能够说明现象、解释问题、揭示规律，并且能够做到理论自洽。"实践上效果好"是指要具备实践操作性，能够便于教师教学、促进学生发展，方式方法简明，并且实际效果突出。李玉玺老师的"助学课堂"在这两方面都给予了自觉的关注，并将之有机结合，完整实现。在"助学课堂"的理论建构上，李玉玺老师对"助学课堂"的思想渊源、理论基础和内涵特征进行了深入思考，做出了明确且合理的定位、概括和阐释，为广大教师认识"助学课堂"提供了面目清朗的画像。在"助学课堂"的实践探讨上，李玉玺老师对"助学课堂"的学习单元建构、助学策略、评估量规等，均结合小学语文课程的内容与小学生学习实际进行了切实有效的研究，为广大教师实践"助学课堂"提供了学得会、用得上的建议。所以，李玉玺老师的"助学课堂"即属于"理论上说得通""实践上效果好"的教学改革成果。

李玉玺老师对"助学课堂"的助学策略之思考尤为专注、深入。在本书中他系统提出助学课堂的七大助学策略，分别是思维导图助学、图示助学、表格助学、资料助学、批注助学、问题助学、读写融通助学等。对于每一种助学策略的内涵、价值、要领、建议等，都给出了详细的说明。在"助学课堂实践样态"部分，进一步展示了表格助学、思维导图助学、资料助学、读写融通助学、评价助学等助学策略的实践案例，将课堂的整体设计、课堂实录、专家点评等原生态推出，显示了李玉玺老师不仅具有提出助学策略理论构想的功力，而且具有亲身实践使之变现的能力。如此一来，助学课堂因"手中有策"而更加可以信任、可以践行，从而创生了一个活生生的课堂教学新气象。

"助学课堂"是个很有意义也很有意思的研究课题，值得不断深入发掘其丰富的价值。本书的最后一章是"助学课堂的价值意义与思考"，这可以算是李玉玺老师对助学课堂认识的实践总结与理论升华。他认为助学课堂具有多方面的价值，主要体现在实现学习方式的变革、实现教学理念的变革、实现教学生态的重构、实现学科育人的目标等方面。"助学课堂"研究提出的三个方面——基于大概念学习单元的构建、助学策略的选择、评估量规的嵌入，都是从落实学生语文学科核心素养的角度指向学生人文底蕴、自主发展等方面核心素养的形成。因此，助学课堂研究最终指向的是学科育人的教育目标。在这个重要课改主题下，其实还有许多有价值的问题亟待开掘和拓展。

因为曾经与李玉玺老师所在学校有合作项目，所以我们之间的交流机会自然就多一些。在合作过程中，他给我的印象就是：很有自己的想法，愿意坚持去做；善于听取别人建议，不断完善教学实践；各种荣誉接踵而至，仍然保持谦逊务实的作风；擅长总结和表达，敢于向更高的目标重新出发。这也是我个人非常看重的品质。我们常常就某些问题谈得较为深入，既有思维的碰撞，也有情感的共鸣，那种学术上的切磋琢磨，同时伴随着推心置腹的友情升华。现在正值凌晨时分，我翻阅着他的书稿，回忆着与他的对谈，欣喜着他的进步，同时更期待着他的下一部新作。

是为序。

李如密

2023 年 10 月 1 日于南京师范大学

目　　录

绪论～1

第一章
助学课堂相关成果总述～7
一、问题的提出～7
二、问题解决的过程与方法～10
三、成果的主要内容～12
四、效果与反思～24

第二章
助学课堂相关研究概述～29
一、助学课堂研究的缘起～29
二、助学课堂研究的背景～31
三、助学课堂研究的意义～36
四、助学课堂研究内容与方法～38
五、国内外课堂教学研究观点综述～41

第三章

助学课堂的理论基础、内涵及特征～48

一、助学课堂的思想源泉～48

二、助学课堂的理论基础～49

三、助学课堂的内涵及特征～51

第四章

助学课堂的学习单元建构～63

一、大概念统领下的"1＋1习作"读写融合学习单元建构～65

二、大概念统领下的"1＋1篇"阅读学习单元建构～67

三、大概念统领下的"1＋1组"群文阅读学习单元建构～69

四、大概念统领下的"1＋1本"整本书学习单元建构～72

五、大概念统领下的"1＋1实践"综合实践活动学习单元建构～73

第五章

助学课堂的助学策略～76

一、思维导图助学策略～76

二、图示助学策略～83

三、表格助学策略～92

四、资料助学策略～103

五、批注助学策略～112

六、问题助学策略～116

七、读写融通助学策略～123

第六章

助学课堂的评估量规～131

一、评估量规的内涵～131

二、评估量规的设计原则～133

三、评估量规的功用～136

四、评估量规示例～137

第七章

助学课堂的实践样态～140

一、表格助学案例
　　——以统编小学语文教科书四年级上册《麻雀》为例～140

二、思维导图助学案例
　　——以统编小学语文教科书三年级下册《海底世界》
　　　为例～151

三、资料助学案例

——以统编小学语文教科书五年级下册《闻官军收河南河北》为例～162

四、读写融通助学案例

——以统编小学语文教科书五年级下册《手指》为例～172

五、评价助学案例

——以统编小学语文教科书三年级下册《陶罐和铁罐》为例～181

第八章
助学课堂的价值意义与思考～190

一、助学课堂实现学习方式的变革～190

二、助学课堂实现教学理念的变革～191

三、助学课堂实现教学生态的重构～192

四、助学课堂实现学科育人的目标～194

后　记～195

绪　论

2022年版课程标准颁布实施，标志着课堂教学迈入了素养时代。素养导向的课堂教学从育人目标、教与学方式的变革、学习评价等方面重新定义、建构起新的教学常态。当前的课堂"教知识、教教材、教内容"的现象依然存在，课堂教学仍处在"知识传递的教授型教学"状态，"重教轻学"的现象比较突出。主要表现为：

一是教的方面。主要的教学方式还是讲授式，教师的教育教学理念依然盘旋在散点的知识点教学，学生分数仍是课堂追求的最终目的。

教师制定教学目标，选择教学内容，运用教学方法，编写教案等环节，处处呈现出"以教为中心"的教学文化。从教学目标的确立来看，教师过分地强调知识内容的传授，很少关注学生在学习中知识形成的过程，导致学生在学习进程中的情感、态度和自我价值往往被忽略；从教学内容的处理来看，对于教科书上的教学内容教师不能构建以学习者为中心的学习单元，依本而教，以致学生面对没有挑战性的学习内容，学习的意愿和动机很难被激发；从教学过程的设计来看，教师多从"多、快、好、省"效率视角进行"教学设计"，较少从学生真实学习发生的生本视角进行"学习设计"，教学过程多表现为固化知识内容的机械重复，很少向学生提出指向学科素养培育的挑战性问题。

二是学的方面。在"以教为中心"的课堂教学文化为主导的课堂学习中，学生是"被教""被学习"，看似热闹的课堂背后常常隐藏着学生的"虚假性学习"。出现这种现状的主要原因是，教师基于"如何教"而设计的教学环节，是为顺应教学进程顺利推进而安排的，并非是从学生"如何学"的角度进行设计。因此，课堂上出现的"问问答答"并不是学生真正的学习与思考的体现，而是迎合性的"课堂猜测"，以"迎合教师的预期"，这显然是华而不实的。如果再深入研究就会发现，课堂上教师为推进教学进程而设计的"碎问题"，往往是教师和头脑灵活、热衷表现的学生形成的教学"回路"，完成某一教学环节的闭环学习。极个别学生的回答代替了全体学生的思考，那些还没来得及思考或尚未明白问题的学生在课堂上形成了"短路"，他们的学习被代替，他们的思考被快节奏的课堂所忽略。进一步研究那些积极的学生，就会发现他们往往是"一听就会、一做就错"的类型，他们在课堂上的回答不见得都是经过认真思考，不见得是真的学懂弄通。这种热闹的课堂，从表面上看学习内容在课堂上已经完成，也就是我们常说的"教过了、教完了"，然而学生是否已经理解，真正弄懂，还未可知。

  我们认为学习发生的标志是在学习任务的驱动下，亲历思考的过程。教授式的课堂上学生的学习方式是"听中思考""听中接受""以听代学"，这种方式学习其实并没有真的发生。当下这种"碎步子""小问题"盛行的课堂，容量之大，节奏之快，使学生的学习无法展开，思考也就无法深入，自然真实的学习就不可能真实发生，至于通过课堂培养学生的能力、发展素养就更无从谈及。

  三是学习规律方面。建构主义理论指出学生的学习是知识自我建构的过程。知识的自我建构其实应该有多重途径，当下我们的课堂教学过多强调了学科知识的接受性。这种方式有其存在的必要性和价值特点，但不是唯一的。从知识分类的角度来看，可以分为事实性知识、方法性知识和价值性知识。华东师范大学吴刚平教授指出："当前课堂教学的主要问题在很大程度上源于教师秉持的单一的事实性知识观，导致学生的方法性知识和价值性知识缺失。"吴教授还指出，不同类型的知识应该有不同的学习方式，事实性知识需要"记中学"，方法性知识要"做中学"，价值性知识要"悟中学"。不同类型的知识要运用不同的学习方式，方才符合学生的学习规律，方才能够取得最优的学习效果。然而，我们在课堂教学中，把所有的知识都归为一类，所有的学习方法都依赖于讲授，讲授教学法被滥用，造成了教学效率低下。

为此，新课程标准提出重视探究式教学，加强"做中学、用中学、创中学"的新思路，提倡学科实践，像学科专家一样思考与探究。这种学习方式不仅符合学生的学习规律，同时也指向了学生能力与素养的提升。

鉴于课堂教学的现状，建构素养导向的课堂教学新常态，首先要更新课堂教学理念：素养导向的课堂教学不是不要知识教学，而是要改善知识学习过程的教学，是要从"知识传递型的讲授教学"转向"知识建构型的探究教学"；其次要更新教师的教学理念：从关注"教"转向关注"学"，从"课堂教学设计者"转向"课堂学习组织者"，教师应该"为学而教"；再次要更新学生的学习理念：从被动的接受学习转向能动、独立进行学科实践，在学习任务的驱动下，为解决问题而同步完成自主、合作、探究的知识学习，在掌握知识的同时，培养解决未知问题的能力和信心。素养导向的课堂从"重教轻学"的局面转向"重学育能"的新常态，课堂如何"重学"，本书从以下几方面进行了思考：

一、重构学习单元，着重学习内容的结构改革

2022年版课程标准修订着力深化课程内容结构改革，以课程内容的结构化变革促进育人方式的转变。课程以核心素养为主轴构建任务群、大观念、大主题等，以问题解决为目标的课程内容结构单位和教学单元组织形式，作为课程内容变革的重要策略。小学语文课程内容以任务群的方式进行了重构，其本质是带动学习方式的变革。语文学习任务群由相互关注的系列学习任务组成。因此，小学语文课程要重构学习单元，着重学习内容结构的改革，让素养导向的课堂改革落地。

学习单元重构，需要转变教师的教学理念。素养导向的课堂教学，要求教师不再是备教，而是要备学，教师要研究如何设计符合学生学习的学习任务以达成核心素养的形成。我们现行教材采用的是内容单元，如何将其转化为学习单元，这是实施学习内容重构的首要任务。崔允漷教授指

出：学习单元是一种学习单位，一个单元就是一个学习事件、一个完整的学习故事；大单元有三个典型特征：大概念统领、大情境创造、大任务驱动。崔教授还强调：大观念打造单元的逻辑结构，使单元学习成为"大单元"，具有了学习的一致性和完整性。如果没有大观念这一"透镜"，所谓的单元学习就可能是碎片化的学习、浅层学习和不能有效迁移的学习。因此，学习任务群要提炼出相应的大概念或者是大任务。在大概念统领下的任务群让课程内容走出了罗列知识点或学科事实的误区，有效地规避了传统学习过程中聚焦单一知识点，按照线性逻辑推进学习，因学习视野过窄，让学生丧失了在真实情境中运用综合能力解决真实问题的历练，导致学生综合能力得不到锻炼与提升。为此，重学育能的课堂教学，必须要重构学习单元，为学生的真实学习、深度学习创造条件。

二、优选助学策略，注重让学习真实发生

在素养导向下的"学习中心课堂"里，教师的作用主要是引起和促进学生的学习能动性、独立性及其有效性。在课堂中，学生的学习并不能够由学生自然自发地表现出来，而要由教师有目的、有意识地激发、调动和促成。在学习过程中，教师的功能又表现为促进学生有效完成学习过程。因此，学习单元构建完成后，要催生学生的学习行为，这就涉及优选助学策略的问题。助学策略的运用是教师教学理念和学生学习方式的变革，从"学为中心"的角度出发，实现由教师"教学"到"助学"的转变，同时在学习过程中，内化科学的学习方法，向着学生"学会学习"这一核心素养的培养而努力。教师在教学实践中探索了思维导图助学策略、图示助学策略、表格助学策略、资料助学策略等七种策略，并在实践中根据学生不同学习内容的需要选择合宜的助学策略。

为保障学生在课堂中学习的真实发生，改变传统课堂中无思维含量的"以听代学"的方式，本研究探索了"一案三单"的助学设计。"一案"就是助学案，使用者为教师，主要是教师对一节课或一个学习内容所做的指

导学生学习的流程设计。助学案围绕学生学什么，如何学而展开，是为学习而设计。助学案把学生的学习活动与任务作为助学案的核心脉络，设计螺旋上升的进阶学习板块。教师的教学活动则是匹配相应的学生学习活动与任务，提供需要的帮助、点拨或助推，是为学而教的设计。改传统的"教案"为"助学案"，主要是因为传统的教案是站在"以教为主"的立场上架构起来的，匹配不了素养导向的助学课堂。助学课堂重在通过创设真实的学习任务，引领学生在解决复杂的情境中，形成高阶思维和能力，实现从"重教"转向"重学"的课堂理念转型。

"三单"指的是课前预学单、课中助学单和课后延学单，使用者为学生。预学单侧重于基础性问题的解决，凡是学生能够独立完成的学习内容，都尽可能安排在预学单中。助学单就是上述关于课堂"大任务"的清单，重在进行有高阶思维的学习活动，是学生走向深度学习的"支架"，也是呈现学习结果的载体。延学单功能重在迁移运用，但更应注重凸显"用知识"的功能。"一案三单"的助学方式重构了课程教学新生态，让课堂充盈着"学"的味道。

三、嵌入课堂评价，侧重发挥以评促学的评价作用

2022年版语文课标在课程理念中明确指出，评价要有利于促进学生学习，改进教师教学。评价包括过程性评价和终结性评价，在传统的教学中过程性评价往往被忽略，尤其是课堂评价环节没有得到应有的重视。根据目的与功能区分，主要有三种不同取向的课堂评价类型，分别是对学习的评价，为了学习的评价和作为学习的评价。对学习的评价主要是对一个阶段学习之后的结果进行评价，其目的在于证明学生的学习情况。为了学习的评价是教师采用评价量规，确定学生学习状况，从而调节下一步的教与学。作为学习的评价是学生学习过程中的自我监控和自我调节学习。三种评价对学习的作用以及发挥的功能各不相同，对学习的评价重在改善学习结果，为了学习的评价强调以评促学，作为学习的评价则是自我调节学

习。重学育能的课堂嵌入评价的目的是促进学生学习，加重学生学习分量，因此，这里谈的评价主要指为了学习的评价。

重学育能的课堂要求教师的教学、学生的学习和为了学习的评价构成一个闭环的学习圈，在这个学习圈内为了学习的评价是教师教学和学生学习的晴雨表，是指明教与学行为的指南针，让教师的教学有的放矢，让学生的学习历程清晰可见。教师在学习过程中根据学习要求设计出需要高阶思维才能解决的表现性学习任务，然后根据表现性的学习任务设计出相匹配的表现性评价量规，学生对照量规的指标评估自己的学习状况。在评价过程中对照评估量规具有差距的地方就是需要再学习的环节，这样为了学习的评价就达成了以评促学的目的。

"重学育能"的课堂是当下素养导向课堂落地的新探索，新实践，诠释了课堂教学从"教"转向"学"，从"育分"转向"育能"的新理念，为推进核心素养导向的课堂教学改革揭开新的篇章。

第一章
助学课堂相关成果总述

义务教育课程方案（2022年版）指出各门课程要坚持素养导向，体现育人为本；各课程要基于培养目标着力培养核心素养；变革育人方式，突出实践，倡导"做中学""用中学""创中学"。新的课程方案凸显了由"知识取向"向"素养取向"的转型，由"以教师讲授为主"向"以学生学习为主"的方式转变。以"重学育能"为核心理念的助学课堂，在教学实践中探索的就是教师在重构的学习单元中，运用助学策略助推学生学习的课堂。助学课堂指向由"重教"向"重学"的教学行为转变，达成由"育分"向"育能"的教育理念转型。这项研究始于十年前，以超前的理念和富有实践意义成为了2022年版新课标倡导的课堂改革落地的典型。

一、问题的提出

在教学实践中我们采用"切片式"的课堂观察分析法进行了研究，对自2011年修订版语文课程标准以来的部分全国特级教师、区域优秀教师的公开课和优质课进行分析，结合我们各自的课堂实践，发现有以下四个共同的特征：

一是课堂节奏快、容量大。一节课中教学活动高密度、大容量、快节奏，部分著名特级教师的课堂还带有别出心裁的教材内容挖掘。于是，整个课堂上任务连着任务、问题接着问题，整节课就是一条高速运转的流水线。

二是课堂教学碎步子推进，学习不够充分。课堂教学的流程几乎就是碎小的环节串在一起，每个环节持续时间较短，学生的学习没有展开，更谈不上深度的思考。课堂教学华而不实的现象较为突出。

三是课堂以知识传递型的教授式教学为主。课堂教学围绕教什么、如何教进行设计和实施,课堂呈现的是"以教为中心"的教学文化。课堂上,学生"学什么,怎样学,学的怎么样",这样的学习路径没有凸显,显然在课堂上学生的学习是被教师的教所牵引,而且学习时间难以保障学生独立思考与深入探究。

四是教学方式单一。课堂上依然存在以教师讲授为主要方式,尽管课堂也会出现师生互动,但是基本的对话方式是:教师小问题发问—学生按需回答—教师反馈或追问—出现预期答案,这是毫无思维含量的对话式教学。

学生的学习是一个从已有知识出发不断建构新知识的过程,在这个过程中学生要充分进行探索、参与知识的建构,做到学足、学透,才能很好地理解学科知识,从而发展自己的学习能力。从这个角度看,这种快讲、快问、快答,"接受+操练"的方式使他们只是暂时记住了这些知识而并没有真正掌握,思维能力和学习能力因为没有经过深入思考和主动探索而无法锻炼提升。

在教学实践中,小学语文传统课堂教学中存在教知识、教内容、教教材的"重教"现象更为突出,学生因缺乏促使真实学习发生的合宜课程、助力学习的有效策略、过程性评价等,陷入了浅表学、被动学、虚假学的"困学"局面,致使学习能力低下,学科素养不高的问题凸显。针对"重教偏知,困学轻能"的问题,我们重点进行了如下思考。

第一,传统的课堂教学教师进行知识传授,是"育分"的理念,能适应"素养时代"的时代要求吗?

传统的课堂教学中教师"依本而教",着重进行知识传递,追求学生的分数。在这样的课堂教学中教师的任务是教学生学习,而不是帮助学生学习。然而,社会的发展对人才的培养提出了新的要求。当下课程改革从"知识时代"迈入了"素养时代",课堂教学不再是单一的知识传授,而是要着眼学生自主学习能力的培养,指向学生素养发展,课堂要追求"育能"。因此，教师作为教学者，追求"育分"的教育理念，已经不能够匹配新的教育发展形势了。

第二，单篇化的课程形式，有利于学生深度学习的发生吗？

目前，我们使用的语文教材编排体系是以人文主题和语文要素双线组元，通常是几篇课文组合在一起构成一个内容单元。学习的过程中教师按次序授课，以小问题呈现、碎步子推进。学习内容上，以散点知识学习为主，杂乱松散、缺乏整体性和结构性，并且缺少核心任务驱动的学习课程作为载体。这既不符合语文学习整体输入的规律，更不利于学生深度学习的发生，影响了学生语文素养的形成。

第三，以教为主的教学方式，能使学生语文学习能力得到很好的培养吗？

教师以"教语文"的理念为主，而非"帮助学生学语文"；又因缺乏有效的助学策略引导学生自主学习，让学生丧失学习能力发展的机会，如表1-1所示。"以教为主"造成"被动学习"，这一严峻的问题是课堂从"知识型"向"素养型"转变必须要思考的。

表1-1 教师教学方式调查结果

选项	人数	比例/%
A. 教师讲，学生听	52	33.33
B. 教师提问，学生回答	81	51.92
C. 课堂讨论	9	5.77
D. 小组合作	8	5.13
E. 其他	6	3.85
本题有效填写人数	156	

第四，缺少过程性评价，学生的学习效果如何监控？

如何把过程性评价镶嵌到学习过程中，让评价时刻在场，发挥其促进学习的作用，从而提升学生的学习能力呢？缺少过程性评价，学习结果无法监控。

以上几个问题困扰了学生的学习，自然影响到了语文能力的形成，学科素养的提升。

二、问题解决的过程与方法

（一）过程

问题诊断阶段（2012年—2013年）

自2012年1月开始，学校在山东省教科院张斌博士的指导下，实施小学课程重组下的"文智课程"改革。语文团队在学校课程改革的任务驱动下思考：如何用整合的方式夯实学生语文素养，如何建构与之相匹配的语文课堂教学方式才能保障语文素养落地。这一阶段耗时两年，在专家的指导下，边实践边研究，同时研读相关理论，明确了助力学生学习的方向。团队准确诊断了研究问题，发现单篇而非整体性与结构性的课程、教师以"教语文"为主导的理念、有效的助学策略和进阶式过程性评价的缺失，使学生丧失了学习能力发展的机会，无法达成以评促学的目的。

问题解决及实践阶段（2013年—2019年）

本阶段助学课堂的研究以"山东省十三五规划课题研究"为依托，在南京师范大学课程研究所李如密教授研究团队的指导下，构建了助学系统的完整体系。首先，构建了以大概念为统领的学习单元，编写出版了一到五年级诵读读本《清音》和一到五年级单元学习助学读本，形成了整体性与结构性的课程体系，保障了深度学习的发生，在课程层面实现了"重学育能"的目标。其次，团队研究探索了表格助学、图示助学、思维导图助学等系统的单元助学策略，从课堂层面实现了从"教语文"到"助学语文"的转变，让学习回归本质，提升了学生学习主体地位，培养了学生能力。最后，在专家指导下，研发了学习单元的表现性学习任务进阶式评估量规。该阶段最有价值的标志性事件是助学课堂作为学校课程改革核心内容的课改成果获得了省级教学成果评选一等奖。

完善提升阶段（2019年—2021年）

2019年笔者被评选为齐鲁名师，推荐参加国培计划，推选攻读新加坡南洋理工大学教育硕士，研究成果被列入齐鲁名师研究课题、国培计划推广实验项目、教育硕士立项研究课题。这一阶段成果在山东省16个地市和全国部分试点学校进行推广，推广期间在齐鲁名师导师团队李家栋、张洪高教授，湖南第一师范黄朝霞教授，南洋理工大学方燕萍博士的指导下进行成果理论提升，让实践智慧和学术指导相融合，提升成果的专业化程度和学术化水准。助学课堂的经验先后在《中国教师报》《山东教育》《山东教育报》《语文教学通讯》等报纸杂志上进行推介与报道。

（二）方法

1. 任务驱动，以学校整体课程改革为蓝本。

学校致力于构建高品质课程体系，为落实立德树人的根本任务建构提供载体。课程改革核心在课堂，实施的主渠道更在课堂。因此，在课程改革的任务驱动下，我们要思考怎样的课堂教学才能与课程改革的步伐相匹配，构建何种合宜的课堂教学方式，才能使得课程落地。

2. 系统思维，以落实语文素养为改革核心。

课堂教学改革不应仅仅在点上改变，而应是一个全局性、系统性的变革。这样的改革要以落实学生语文素养为根本出发点，关注教学内容的建构、教学关系的革新、教学评价的跟进。因此，助学课堂要具有系统性的思维、全局改革的意识，以及从顶层设计到具体实施的规划。

3. 尊重规律，以学习的本质规律为准则。

改革是在尊重规律的前提下对事件的优化，目的是为更好地达成教学目标。助学课堂遵循教育教学规律，以这些规律为准则实施教学改革。

三、成果的主要内容

助学课堂以"助学育能"为核心,以"助力学生学习,提升学科素养,达成学科育人"为目标,探索了课程助学、策略助学、评价助学三条实施路径,实现教师由"教学"向"助学"教学理念的转变和学生由"被动接受"向"自我建构"学习方式的转变。

(一)助学课堂教育理论:思想源泉、理论基础以及内涵特征

1. 助学课堂的思想源泉。

孔子"不愤不启,不悱不发",点明了"教"的时机要出现在学生学习的困惑处。宋代朱熹主张学习是学生自己的事,教师无法代替。蔡元培说:"我以为好的先生不是教书,不是教学生,乃是教学生学。"陶行知先生认为教师的责任不在于教,而在教学,教学生学。优秀传统文化的思想精华,汇集成了"助学课堂"的思想源泉。

2. 助学课堂的理论基础。

一是系统理论基础。学生语文素养的达成需要发挥各个要素共同构成的整体功能。从大概念统领下的学习单元建构,到助学策略的选择,以及评估量规的嵌入,助学课堂的各部分组成了一个完善的系统,哪一个要素缺失,都会影响到学生语文学科素养的提升,进而破坏了学科育人的整体性。

二是理解性教学理论。理解性教学不是传统的知识灌输,而是以学生理解为主要目的,实现学生自我价值意义的建构教学。助学课堂提出的助学策略,其根本目的就是促进学生对知识的自我建构,唤醒学生主动学习的动力。

三是建构主义理论。建构主义关于教学的思想主要体现在以学生为中心、注重联系实际和注重学习资源的提供上。助学课堂以此为心理学基础,倡导以学生为中心,以学生的学习为中心。

3. 助学课堂的内涵与特征。

助学课堂，如图1-1所示，是教师采用合宜的助学策略助推学生学习的课堂。助学课堂的内涵体现为：一个中心。以"重学育能"为中心，即助力学习、培育能力，实现学科育人的目标。两个转向。一是理念转变，从"育分"转向"育能"；二是课堂转型，从"教学"转向"助学"。"一个中心，两个转向"成为助学课堂创生的一项课改理念。

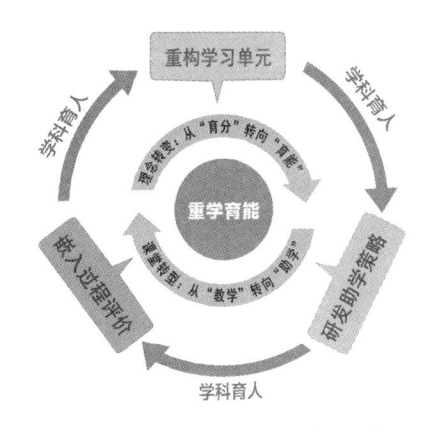

图1-1 小学语文助学课堂图谱

（二）助学课堂的三步助学策略系统：重构学习单元、研发助学策略、嵌入过程评价

1. 重构学习单元，课程助学。

崔允漷教授指出，大单元是一种学习单位，一个单元就是一个学习事件、一个完整的学习故事。"譬如语文教材中一个单元通常是一个主题下的几篇课文，如果这几篇课文没有一个完整的'大任务'驱动，没能组织成一个围绕目标、内容、实施与评价的'完整'的学习事件，那它就不是我们所讲的单元概念。确切地说，那只是内容单位，而不是学习单位。"① 单元有三个典型特征：一是大观念（即大概念）统领，二是大情境创设，三是大任务驱动。

---

① 崔允漷. 如何开展指向学科核心素养的大单元设计[J]. 北京教育（普教版），2019（2）：11-15.

助学课堂所需提倡的学习单元建构是基于学科大概念为统领建构的学习单位，是一个围绕目标、内容、实施与评价而组成的"完整"学习事件。助学课堂以"1+1"为策略，建构了以下几种学习单元模式，如下表1-2所示。

表1-2　学习单元的建构

学习单元名称	基本内涵	教学案例	
		提取的大概念	课例
大概念统领下的"1＋1习作"读写结合学习单元	前一个"1"可以指教材中的一篇课文，后一个"1习作"则是基于前一个的学习，为了理解语言的表达方式让学生经历语言的过程而进行的习作	阅读时，品味印象深刻的场景、细节，能更深切地体会作者的情感；写作时，把情感藏在细致的场景、细节描写中，更能打动读者	学完《慈母情深》《父爱之舟》《"精彩极了"和"槽糕透了"》后，学生通过细节描写表达自己父母的"舐犊之情"
大概念统领下的"1＋1篇"阅读学习单元	前一个"1"和后一个"1"两篇文章一学一练、相互补充，两篇文章既有主次之分，也有学练之别	阅读时，品味印象深刻的场景与细节，深切体会母爱的伟大	《慈母情深》+《花边饺子里的爱》，学生通过对比阅读，从异同两个方面展开对比，进一步体会场景和细节表达情感的方法
大概念统领下的"1＋1组"群文阅读学习单元	前一个"1"为教材中一篇经典的文章，后一个"1组"指为学习能力的形成而群组的一组文章	体会作者如何借助具体事物，抒发对故乡的情感	《桂花雨》+《月光饼》《毽子里的童年》《春酒》等一组群文的学习，不仅达成了语文要素的落地，同时帮助学生更加丰满地感受到琦君对故乡的思念之情

续表

学习单元名称	基本内涵	教学案例	
		提取的大概念	课例
大概念统领下的"1+1本"整本书阅读学习单元	前一个"1"指的是教材内的一篇文章,后一个"1本"指的是与这篇文章紧密相关的整本书	以王葆的经历为例子,谈谈你对不劳而获的认识	《宝葫芦的秘密》整本书阅读,学生能够在阅读中展开批判式思维,学会正确看待不劳而获这个问题
大概念统领下的"1+1实践"综合实践活动学习单元	前一个"1"为一篇精读课文或一组精读课文,后一个"1实践"是与课文相关的语文综合实践活动	尝试使用所学习的说明方法,参观科技馆之后,写一篇推荐文章	《太阳》+"参观市科技馆"的综合实践活动,使学生从小爱科学、学科学、用科学,逐步形成科学的世界观和方法论

2. 研发助学策略,以教助学。

学习单元构建完成后,如何催生学生的学习行为,这就涉及如何优选助学策略的问题。助学策略的运用是教师教学理念和学生学习方式的变革,从"学为中心"的角度出发,实现由教师"教学"到"助学"的转变,同时在学习过程中,内化科学的学习方法,向着学生"学会学习"这一核心素养的培养而努力。在教学实践中探索了如表1-3所示的助学策略。

表 1-3 助学策略

助学策略	基本内涵	教学案例
思维导图助学策略	思维导图是一种形象、高效的学习工具，通过思维导图中的关键词和图文符号，可以让散落的知识点整合为线状的知识串，呈现出可视化的知识脉络	（思维导图示例：我们奇妙的世界——天空：太阳升起、云彩飞行、水主映射……一天的时间推移从（ ）到（ ）；大地：果实颜色、夏日绿荫……四季轮回从（ ）到（ ））
图示助学策略	图示是指在学习过程中采用文字与图形相结合的图示方式，把相关的学习内容表达出来，既可以提高学生对文本的理解，又可以提升学生的逻辑思维能力	（鱼骨图：四上《西门豹》）
表格助学策略	合理利用表格引导学生学习，能够将零散的信息整合，再现知识体系，既可以锻炼学生思维的条理性，又能提高学生的概括能力，最终指向提升阅读素养的目的	见下表

课文	作家	作家笔下鹅的特点			表达上的相似之处
		称为	姿态	叫声	吃相	
白鹅	丰子恺	鹅老爷	大模大样、高傲	引吭大叫	三眼一板、一丝不苟、从容不迫、架子十足	篇章结构：总分式；描写方法：明贬实褒
白公鹅	叶·诺索夫	海上将军	慢条斯理、高傲	大声叫唤	从从容容不紧不慢	

16　重学育能——小学语文助学课堂的探索与实践

续表

助学策略	基本内涵	教学案例
资料助学策略	资料助学既是一种助学策略，也是学生应该具有的一种能力；在教学中教师要把握住"助"的原则，守住"学"的本质，在最合宜的学习时机，提供最有学习价值的资料，以达成促进学习的目标	例如，五年级上册《圆明园的毁灭》一文，在课堂教学中，教师可以借助纪录片《圆明园》，激发学生们强烈的爱国情感
批注助学策略	批注式是指运用符号或文字记录自己的阅读理解和阅读感悟，以及对文本内容、写作特色、表现形式进行分析和深度挖掘，是与文本展开对话的一种重要形式	统编教材六年级上册《开国大典》课后第三题，要求学生找出体现开国大典庄严气氛的句子，并在旁边批注
问题助学策略	问题助学是指教师借助阶梯式问题、多元化问题、递进式问题引发学生思考，让学习真实发生和深度发生的策略	《田忌赛马》问题一：赛马场上大家看热闹，孙膑看的是什么；从这一点他给你留下一个什么样的印象？ 问题二：关于比赛大家注重的是赛马的结果，而孙膑还注重了什么？这又说明什么？ 问题三：孙膑胸有成竹地告诉将军不用换马一定能赢比赛，是孙膑信口开河吗？他是怎么想的？

续表

助学策略	基本内涵	教学案例
读写融通助学策略	读写融通是指在教学中要准确把握统编教材普通单元相关板块的设计理念，从而搭建起读写融通的桥梁，让学生在读和写中提升语文素养和能力	如，学习《麻雀》之后，先让学生观察一段老鹰抓小鸡的视频，然后要求学生把看到的情景写下来，做到写清楚

3. 嵌入过程评价，以评促学。

助学课堂评估量规是指向学生语文素养的评价量规，如图1-2所示，通常围绕语文素养的内涵和学习特征划分评价的内容维度和等级，通过对每个等级表现特征的描述，实现对学的促进和教的改变，变"对学习的评价"为"为学习的评价"，变"他人评价"为"自我评价"，变"外在评价"为"内部评价"，评估量规示例见表1-4。

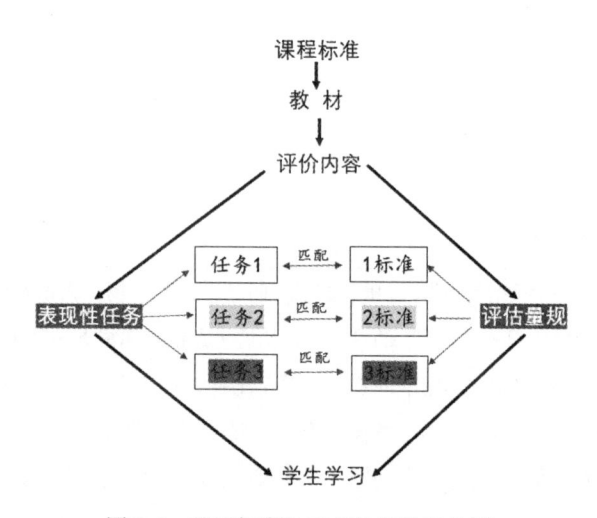

图1-2 基于标准的表现性评价结构图

表 1-4 基于具体课型的评估量规示例

课型	评价量规的价值举例	评价量表举例
口语交际课	统编教材三年级下册第八单元的口语交际是《复述》，我们可以根据教学目标，制定与教学目标相匹配的评价量规，既可以检测学生的学习，又可以用评价来促进学习	口语交际《复述》评价表 |	故事内容	主要情节	想象复述	复述方法	仪表神态	语音语调 | |---|---|---|---|---|---|---| | 评价标准 | 讲清楚 | 自己的话 | 合理想象 | 图表等 | 自然大方 | 别人听清 | | 自我评价 | | | | | | | | 伙伴评价 | | | | | | | | 老师评价 | | | | | | | 每一项达标得一颗★！　　总★数

（三）助学课堂的五种实施路径：重组学习时空、研发助学策略、编制"一案三单"助学设计、开发基于表现性学习任务的评估量规、制订助学课堂质效评价标准

助学策略和评估量规在助学策略系统已经论述，在此不再赘述，重点谈其他三种实施路径。

1. 学习时空重组。

学校的使命是"育人"，但是当下我们却实实在在地做着"育分"的工作，这样的现状让学科高质量发展遇到了瓶颈。其实，根源问题是教师没有从"学科知识传授"转向"学科育人"，也就是教师的教育格局被学科教学内容所固定，被课堂教学所固定。要想打开学科教学高质量的格局，学科教师首先要通过学科知识的重构来实现学科育人，也就是课题提出的主题统领的学习单元。所谓学科知识重构就是需要教师从散点学科知识和技能中走出来，不能只看到零散的学科知识点，而要看到学科知识的纵横相连，系统化地对学生素养进行培育。其次要超越课堂教学发挥学科育人作用。所谓超越课堂就是在发挥课堂教学主渠道作用的同时，要善于把课堂串联起来，看到超越课堂发挥的学科育人的作用。重构学科知识、超越课堂教学告诉我们一个真实性的道理，那就是"课堂教学容不下学科

教学"。做大教育格局实现了学科知识点之间的联结,指向发展学生核心素养,落实"重学育能"的理念,这无疑对学习的时空提出了新的要求。为适应主题统领下的学习单元的需要,学习时空需要进行重组,做大教育格局,将学习时空拉长扩容,自然也就发生了相应的重构。

2. "一案三单"的助学设计。

助学课堂研发了"一案三单"的助学设计。"一案"就是助学案,如下表1-5所示,使用者为教师,主要是教师对一节课或一个学习内容所做的流程设计。改传统的"教案"为"助学案",主要是因为传统的教案是站在"以教为主"的立场上架构起来的,匹配不了素养导向的助学课堂。助学课堂重在通过创设真实的学习任务,引领学生在解决复杂的情境中,形成高阶思维和能力,实现从"育分"到"育能"的课堂理念转型。

表1-5 小学语文助学案

学习单元主题	
学习内容选择	
学习目标任务	1. 2. 3.
学习时长安排	
学习历程	
学习进阶任务一:	
学生学习活动与任务	教师助学策略与选择	学习过程评价与反馈

续表

学习进阶任务二：		
学生学习活动与任务	教师助学策略与选择	学习过程评价与反馈
学习反馈与教学策略调整：		

"三单"指的是课前预学单、课中助学单和课后延学单，使用者为学生。预学单侧重于基础性问题的解决，凡是学生能够独立完成的学习内容，都尽可能安排在预学单中。助学单就是上述关于课堂"大任务"的清单，重在进行有高阶思维的学习活动，是学生走向深度学习的"支架"，也是呈现学习结果的载体。延学单功能重在迁移运用，但更应注重凸显"用知识"的功能。

3. 助学课堂的质效评价标准。

助学课堂拥有独特的属性，所有的设计与环节都应该指向学生的学习，助推学习深度发生。在项目研究过程中课题组制定了助学课堂的评价标准，如表1-6所示，该评价标准从理念、实施到质效三个方面进行评价。对应三大方面制订了相应的评价量规，针对每一条评价量规提炼了一一对应的课堂观察点。这样的课堂评价目标明确，标准合宜，观察视角落地。

表1-6 小学语文"助学课堂"质效评价标准

评价核心	评价维度一级指标及权重	评价维度二级指标	二级指标评价量规	评价量规对应的课堂观察点
助学课堂影响"重学育能"（学习者为中心，学习行为为中心，学习历程为中心）	凸显学科核心素养，教育理念得以渗透(30%)	1. 主题引领，体现单元整体设计理念	（1）学习主题明确，符合相应年段学生的学习需求	结合学生年段特点，确定的学习主题是否明确
			（2）具有单元整体教学意识，明确本课时所承载的相关学习任务	课时教学是否从单元整体出发进行设计，具有大单元教学视野
			（3）单元学习目标与课时学习目标有效衔接，目标的关联度高	单元与课时目标形成体系，是否符合逻辑对应关系及紧密的关联度
		2. 以大概念为统领，坚持学习者为中心，在任务驱动下自主、合作、探究学习	（1）大概念提炼合宜、彰显清晰的学科核心素养	学科大概念提炼是否准确合宜，是否体现出学科核心素养
			（2）学习任务制定明晰、准确，可行度较高	学习任务是否为学习的核心问题，具有学习的统领与核心驱动价值
			（3）根据学习任务所需，重构合宜的课程资源	发挥以学定教，为完成任务、提升素养对学习资源实施重构

续表

评价核心	评价维度一级指标及权重	评价维度二级指标	二级指标评价量规	评价量规对应的课堂观察点
		3. 学科实践指向落实立德树人	（1）立足学科特点落实立德树人根本任务	课堂教学当中是否利用学科特点，切实体现教学的教育性
			（2）教学目标渗透育人导向	育人导向立意清晰、明确，文以载道、以文化人，是否做到有机渗透
			（3）从学科知识本位转向学科育人本位	在教学过程中是否从单一知识点传授转向了学科素养提升
	凸显学科特点的"学教评"，"学为中心"得以落实(50%)	1. 学的特点	（1）自主学习的能动度	课堂上教师提供学生的学习时空有没有、够不够、能不能支持自主学习
			（2）合作学习的成效度	学生合作学习发生的时机是否恰当、是否会合作学习、合作学习的过程实不实
			（3）探究学习的真实度	探究学习发生的时机，探究学习的必要性，探究学习的路径
		2. 教的特点	（1）教学的合宜性	根据学生所学，选择学习内容，教学发生的时机出现在学生学困之处
			（2）教学的策略性	教师采用的助学策略是否有利助推学生的学习，作业设计是否适切有效
			（3）教学的价值性	教学是否唤起了学生学习的主动性，主动思考，引发深度学习，促进目标实现

续表

评价核心	评价维度一级指标及权重	评价维度二级指标	二级指标评价量规	评价量规对应的课堂观察点
		3. 评的特点	（1）学习过程中嵌入评价环节，是学习过程中的一个环节	是否具有与学习任务对应的评价环节
			（2）评估量规制定切实发挥以评促学的作用	评估量规明确细致，切实发挥评价探究学习的发生，评价之后依规补学
			（3）学评教的一致性	学习目标、评价标准与教学过程实施目标一致性
	呈现课堂学习整体质效，育人效果良好（20%）	1. 学习质量	学生学习成效	根据学习任务完成之后的后测情况
		2. 双效达标	学生学习与教师有效助学	学生学习的效果与效率较高，教师助学的效果明显
		3. 教学特色	教学呈现方式与表现	具有独特的教学风格或创新特色

四、效果与反思

（一）研究成果丰硕

助学课堂自研究以来取得了丰硕的研究成果：助学课堂研究作为学校课程改革的重要组成部分，曾获得"2018年山东省基础教育教学成果一等奖"；研究专著《以学为中心的小学语文"1＋1"助学课堂》曾获得"东营市第26次社会科学优秀成果一等奖"。

研究的近十年期间，先后立项了六项省市规划研究课题，其中由成果主持人主持的省教育科学规划领导小组办公室课题"小学语文'1+1'助学课堂的价值取向研究"顺利结题,并在市社科成果评选中获奖。

(二)研究成效显著

1. 助学课堂实现了"学中心",提高了学生学习能力,提升了学科素养。

①助学课堂提高了学生的课堂地位。学生真正成为了课堂学习的主人,学生的主体地位得以彰显,凸显了"以学习者为中心""以学习行为为中心"。

②助学课堂提升了学生学习的能力。助学策略成为了学生学习的有效支架,从而帮助学生掌握科学的学习方法,进而在不断的实践探索中,内化成为了学生的学习能力。

③助学课堂夯实了学生的语文素养。大概念统领下的学习单元及学习资源,不仅为学生的阅读而增量,更为语文素养的形成而提质。助学课堂通过诵读教材《清音》《"1+1"助学课堂读本》以及各个年级整本书的阅读,夯实了学生的语文素养。学生从"被动知识学习者"转为"自我素养提升者",如表1-7所示。

表1-7 助学课堂各个年级拓展阅读统计

年级		教材篇目	清音篇目	读本篇目	整本书	课标要求字数
一年级	上册	14	80	28	绘本6	1、2年级阅读总量不少于5万字
	下册	21+8	80	31	绘本9+童谣1	
二年级	上册	24+8	80	32	2	
	下册	25+8	80	32	2	
三年级	上册	27+2	80+8	26	2	3、4年级阅读总量不少于40万字
	下册	28+2	80+8	23	2	
四年级	上册	27+2	80+8	25	3	
	下册	27+2	80+8	31	3	

续表

年级		教材篇目	清音篇目	读本篇目	整本书	课标要求字数
五年级	上册	27+2	80+8	33	3	5、6年级阅读总量不少于100万字
	下册	23+2	80+8	27	3	

2. 助学课堂改变了"教为本",实现了从"教语文"向"助学语文"的转变。

①助学课堂让教师回归了应有的本位。课堂应该是一个助学的场所,教师应该是学生学习发生的促生者、助推者,是学生合作、探究学习的帮助者。教师从"教学"转向"助学",回归本位,以"教"为"学"服务。

②助学课堂明晰了教师的教学指向。助学课堂中,教师的教学指向是提供助学策略帮助学生提升能力。教学指向的改变体现出教师教学理念的革新,更体现出教师专业发展方向的变革。助学课堂明晰了教师的教学方向,赋予教师专业发展蓬勃旺盛的生命力。

③助学课堂改变了教师专业成长的样态。助学课堂研究过程改变了教师专业发展样态,促使教师拥有了"课程视野、课堂角度、评价视角"的系统变革思维。依托助学课堂研究,笔者所在学校先后培养出1名省特级教师、1名省名师、3名市级学科带头人、5名市级教学能手、12名区级教学能手,136人次在区级以上优质课获奖。

3. 助学课堂重构了"新生态"。

①助学课堂构建了以大概念为统领的学习单元。从课程建构的视角出发,助学课堂构建包含目标、内容、实施、评价的"完整"学习事件,为学生提供丰厚的学习载体,改变传统课堂中学生被动听讲所造成的虚假性学习状态,促使学生从浅表性学习走向深度学习。

②助学课堂探索了学习单元实施的助学策略系统。助学课堂从"学为中心"的角度出发,探索了学习单元背景下的科学有效的助学策略,搭建表格、图示、资料等各种"助学"的支架,促进学生学会学习,主动建构知识体系。

③助学课堂研发了学习单元的评估量规。助学课堂以评估量规的方式将表现性评价镶嵌于教学过程中，实现教、学、评的内在统一，引导学生及时规范学习行为，自我调节、以评促学。

④助学课堂提供了语文学科核心素养落地的实践样本。助学课堂以合宜的改革理念，让语文学科核心素养从云端落地，找到了实践样本，成为了小学语文课堂教学改革可以复制、可以推广的现实经验。在对以往毕业生学业成绩追踪调查中，不难发现学生的语文学习能力平均高出其他学科五个百分点。

其成果如下表 1-8 所示。

表 1-8　助学课堂成果表

课程体系	1. 助学课堂诵读教材《清音》1—5 年级共 5 册
	2. 助学课堂读本《"1＋1"助学课堂读本》1—5 年级共 10 册
	3. 助学课堂"学习单元"资源包、电子资源库
	4. 助学课堂整本书阅读推荐导读资源包
	5. 专著《以学为中心的小学语文"1＋1"助学课堂》
课堂实践样态	1. 小学生低、中、高年级阅读能力形成综合评估量表
	2. 小学生低、中、高年级习作能力形成综合评估量表
	3. 小学生低、中、高年级综合能力形成综合评估量表
	4. 小学生低、中、高年级口语交际能力形成综合评估量表
	5. 小学语文助学课堂教学视频、电子资料库
	6. 学生作品校刊

（三）社会影响较大

助学课堂的理论和思想先后刊登在《语文教学通讯》等杂志的多篇文章内。其中《"1＋1"助学课堂，让语文学科核心素养落地》和《活用助学策略，引导学生学语习文》两篇文章引起语文教学专家的关注，专家评价助学课堂在课程重构方面是成功的研究案例，改"教学"为"助学"是小学语文教学的新理念。在成果实践中，《中国教育报》《中国教师报》等报刊先后对助学课堂进行了报道和推介，在小学语文业界产生了较大的影响。

助学课堂的研究成果通过市教育局命名组建的"名师工作室"、开发区分局命名组建的"小学语文工作室"和市教育局命名组建的"名师领航工作室"等平台，辐射到了整个市域，引领了区域小学语文教学改革。成果主持人连续两年在"国培计划示范班"执教助学课堂研究课《学会观察读写结合课》《麻雀》，并作学术报告，将研究成果辐射到了全国26个省市。2021年依托省"互联网＋教师专业发展"，成果主持人执教的展示课《闻官军收河南河北》将研究成果推广到全省，对全省小学语文教师课堂教学改革产生了深远影响。

（四）研究反思

助学课堂研究历经近十年的时间，经历了小学语文教材的变革，也迎来了新一轮义务教育课程标准的修订。从"语用"到"学科素养"，从"人文性"到"立德树人"，伴随着课堂教学改革从"知识时代"向"素养时代"的转型，助学课堂的研究以前沿的改革理念，适应了课堂教学改革方向，用实践证明其研究的生命力与价值。助学课堂研究团队将继续扎根教学一线，积极适应教学改革，不断自我完善，努力创新实践，探索提升学生语文核心素养和以"学"为中心的课堂教学新方案。

第二章
助学课堂相关研究概述

一、助学课堂研究的缘起

《义务教育语文课程标准（2011年版）》在课程基本理念中明确指出：积极倡导自助、合作、探究的学习方式。学生是学习的主体，语文课程必须根据学生身心发展和语文学习的特点，爱护学生的好奇心、求知欲，鼓励自主阅读、自由表达，充分激发他们的问题意识和进取精神，关注个体差异和不同的学习需求，积极倡导自主、合作、探究的学习方式。教学内容的确定，教学方法的选择，评价方式的设计，都应有助于这种学习方式的形成。

《普通高中语文课程标准（2017年版）》实施建议教学与评价中提出：创设综合性学习情景，开展自主、合作、探究学习。具体要求为，应关注学生学习方式的转变，做好学生语文活动的设计、引导和组织，注重学习的效果。加强课程实施的整合，通过主题阅读、比较阅读、专题学习、项目学习等方式，实现知识与能力，过程与方法，情感、态度与价值观的整合，整体提升学生的语文素养。

2017年12月教育部颁布了《义务教育学校管理标准》，第四条"提升教育教学水平"第二点"实施以学生发展为本的教学"指出，采取启发式、讨论式、合作式等多种教学方式，提高学生参与课堂学习的主动性和积极性。

2019年6月的《关于深化教育教学改革全面提高义务教育质量的意见》提出要强化课堂教学主阵地，切实提高课堂教学质量的要求。第八条"优化教学方式"中要求坚持教学相长，注重启发式、互动式、探究式教学，教师课前要指导学生做好预习，课上要讲清重点难点、知识体系，引导学生主动思考、积极提问、自主探究。融合运用传统与现代技术手段，重视情境教学；探索基于学科的课程综合化教学，开展研究型、项目化、合作式学习。

2022年4月《义务教育语文课程标准（2022年版）》在课程理念中明确提出了立足学生核心素养发展，发挥语文课程育人功能；提出了学习任务群的理念；指出了学习方式的变革；重视评价的导向作用。在课程目标中明确了核心素养的内涵。

以上文件是基础教育教学改革的顶层设计，也是助学课堂选题的重要依据。根据以上文件，课堂教学改革的聚焦点是，学生是课堂学习的主体，课堂倡导自主、合作、探究的学习方式。然而，在实际的教学过程中传统讲授式的教学依然占有主导性的地位，学生课堂教学中的主体意识依然停留在理论层面。自主、合作、探究的学习方式仅仅停留在了文件的抽象概念层面，缺少具体的实践操作。从课堂教学效果来看，学生的浅表性学习和虚假性学习充斥课堂。这样的课堂教学既没有体现学生的主体意识，又无法生成深度学习，学生的核心素养自然不能达成。因此，教学改革势在必行，而对于助学课堂的研究有望为其提供一个新思路。

（一）缘起于当下小学语文教学缺乏从语文学科核心素养培养的单元建构

当下的小学语文教学虽然受到核心素养的引领，但是教师教学仍然关注离散的知识，通过围绕教师经验而提供给学习者经验，从固定的教材、擅长的教法和传统的活动开始，一课一课从头到尾将内容掰碎了教，把更多的时间花在了内容的学习上，忽略了学生语文核心素养的培养。究其原因就是在学科课程建构方面缺乏大概念统领下的学习单元建构，以致学生语文学科核心素养缺乏落地的载体。目前，统编语文教材已经在语文要素的统领下重新定义了单元，但是兼顾内容的主题，还不是真正意义上的学习单元。教师在教学过程中也未能从大概念出发来设计教学，缺少将同一个单元的文章进行梳理和统整的环节，导致杂乱松散，缺乏结构性，学生语文素养难以提升。

（二）缘起于当下小学语文课堂教学方式、学习方式以及教学评价存在的问题

小学语文课堂教学改革自 2001 年启动以来，已经走过了近 20 年，课堂教学确实发生较大的变化。但是教师"满堂问""满堂教"仍旧是主要教学方式，学生被动参与式的学习仍普遍存在。通过对教师教学方式的抽样调查，我们可以得知当前课堂教学仍然是以教师的"教"为主要教学方式。纵观目前的小学语文课堂教学研究，其中教师如何"教"的经验与实践依然较多，探索学习方式转变、研究学生如何"学"的较少，研究教师如何助学的更是少之又少。

课程改革倡导的自主、合作、探究式的学习方式，当前只是零星的出现在某些课堂教学之中，尚未成为主流的学习方式。由于教师的教学理念停留在"教知识"的层面，在课堂教学中也未能采取多样性的助学策略指导学生的学习，导致学生的学习方式单一、通过自主学习形成学习能力的实践不足等问题突出。基于上述情况，通过助学课堂提升学生自主学习能力，促进学生语文学科素养的形成十分必要。

如何正确及时地评价，一直是困扰课堂教学的一个难点。传统的课堂教学往往用简单的纸笔测试这一终结性评价作为唯一的评价标准。这样的评价既不够科学又不够合理，不能充分发挥"以评价促发展"这一功能。过程性评价量规目前尚未在课堂教学中得到有效使用。

二、助学课堂研究的背景

（一）社会背景：发展素质教育

素质教育不是新鲜词语，自从 20 世纪 80 年代开始，这个词语开始进入教育界的视野，进入到党和国家的文件中。2016 年，习近平总书记首次提出：素质教育是教育的核心。2017 年，党的十九大报告中首次提出"发展素质教育"。"发展素质教育"与 30 年前我们已经"实施的素质教育"应

该是一脉相承，是素质教育提出后的新论断、新发展和新提升。素质教育从实施到发展，呼应了时代的要求，也体现了素质教育本身特点。

发展素质教育是新时代教育改革的新使命，立德树人是发展素质教育根本任务的使命根源。这个根本任务最终要落脚到课程建设和课堂教学改革上。发展素质教育落脚到课程上就是要构建"五育并举"的高品质课程；落脚到课堂上就是要构建以"核心素养"为导向的课堂教学。

当前发展素质教育，提高教育质量，培育核心素养，转变育人方式就需要进行课堂教学改革。关于课堂教学改革，张志勇教授认为："当前迫切需要中小学的学习活动从低阶学习转向高阶学习，促进学生高阶学习，让学生主动发现和建构知识，需要学生基于教材的开发性知识加工、跨学科知识加工、基于学生自身生活经历的知识加工、对知识的应用性加工等等。这里所谓的知识加工也就是学生学习方式。"这样的知识加工是学生自我知识的构建，主动获取和学习，那么传统的"讲授"课堂教学方式已经不能适应新的课堂变革了。以"核心素养"为导向的课堂教学改革，最为核心的是学习方式的变革。学生在教师的指导下在解决真实问题情景中展开的具有思维含量的深度学习。这样的课堂里学生是主体，是学习的中心，教师是引领学习者，是学生学习发生的助力者。助学课堂就是在这种情况下应运而生的"以核心素养"为导向的课堂教学改革的具体化表达。

发展素质教育，落实立德树人是核心，改变课堂教学是保障。没有高质量的课堂教学，就不可能有高质量的教育。落实根本任务也好，发展素质教育也罢，都得从课堂教学改革做起，助学课堂的提出是发展素质教育的课堂教学改革的一条可行之路。

（二）教育背景：核心素养时代

2014年3月，"核心素养"一词首先出现在《教育部关于全面深化课程改革　落实立德树人根本任务的意见》中，并被置于深化课程改革、落实立德树人的根本任务的首要位置，成为研制学业质量标准、修订课程方案和课程标准的重要依据。

2016年9月，中国学生核心素养总体框架正式发布。它以培养全面发展的人为核心，凝练了文化基础、自主发展和社会参与三个方面，提炼了人文底蕴、科学精神、学会学习、健康生活、责任担当、实践创新六大素养，下面还细分了十八个要点。核心素养框架的发布成为了基础教育的热度词语，拉开课改走向核心素养的序幕。

2017年普通高中课程标准发布，核心素养开始进入课程，并且以学科核心素养的形式具体呈现。语文学科核心素养是学生在积极的语言实践活动中积累与建构起来，并在真实的语言运用情景中表现出来的语言能力及品质。主要包括"语言建构与运用""思维发展与创新""审美鉴赏与创造""文化传承与理解"四个方面。由此，学科核心素养在课堂中落地，课堂改革翻开了核心素养导向的篇章。

2022年4月义务教育语文课程标准发布，指出义务教育语文课程培养的核心素养，是学生在积极的语文实践活动中积累、建构并在真实的语言情境中表现出来的，是文化自信和语言运用、思维能力、审美创造的综合体现。

2022年4月21日《义务教育语文课程标准（2022年版）》颁布，新版的课标明确了义务教育阶段核心素养的内涵，提出了任务群的理念，增设了学业质量描述等内容。总括新版课标的灵魂与实质就是落实教与学方式的改变，提升学生的核心素养。"重学育能"课堂教育改革的目标清晰地得以呈现。

核心素养导向的课堂教学需要确立的三大概念是：基于立德树人的教学；基于课程意识和学科本质的教学；基于学生学习的教学。核心素养导向的课堂教学改革需要重新构建教学关系，目前真实的课堂教学是"深化课堂教学改革是十多年来新课改一直强调的，但是现在改革进入全面深化阶段以后，课堂教学改革的重点和核心在哪里？答案就是教与学关系的根本性调整。从总体上说，目前课堂教学还没有普遍地实现根本性的转变，我们所期待的那种新型的课堂还没有普遍地建立起来，根本问题就在于

——还没有有效地调整好教与学的关系,课堂还没有从根本上实现由以教为主向以学为主的转变"。学是本源性的存在,教是条件性的存在。有学者这样论述两者的关系:"教学的根本目的、出发点和归宿都要体现、落实于学的状态,教的必要性建基于学的必要性,教的现实性取决于学的可能性……教与学的矛盾关系一般表现为:学是矛盾的主要方面,处于主导地位,规定着教学的可能性质与进程,体现着教学的总体预期效果;而教则是矛盾的次要方面,处于辅从地位,教的目的、任务、内容依存于学的目的、任务、内容,教的过程符合、适应于学的过程内在的逻辑,教的任务是否完成要看教学目标是否达到,而后者则落实、体现在学的终态上。"①

为了构建核心素养为导向的课堂教学,实现以教为主向以学为主的转变,真正建立起新型的课堂,首先要致力构建让学生得以自主学习的课堂,采用让学生潜能和学习能力得以发挥的教学方式,其次要致力构建以学为主线、以学为本的课堂教学结构。这样的课堂教学关系就理清了教师和学生在课堂学习中的分工,教师要改变教学方式,从研究如何教转向研究帮助学生学,学生要从被动地听转向由浅到深、由表及里、由片面到全面、由不知到知、由不会到会的认知学习。为此,教师的教学行为由"教学"转为"助学",即课堂上教师不再是单纯的知识教授者,而是要选择合适的助学策略促进与助推学生的学习;学生的学习从"被动知识学习"转为"自我素养提升",即学习本质上是学生自己的行为,是一个自我建构的过程。助学课堂下的学生要改变被动的知识接受,转为在教师助学策略的引导下,通过自主学、主动学而实现自我学习体系的建构,自我素养的提升。上述两点就是助学课堂的核心理念,在核心素养时代的教育背景下,助学课堂成为了"学习中心课堂"的具体表达形式之一。

(三) 历史背景:深度学习变革

深度学习(deep learning)和浅层次学习(surface learning)的概念最

---

① 裴娣娜. 教学论 [M]. 北京:教育科学出版社,2007:131.

早由美国学习专家费伦斯·马顿（Marton）和罗杰·萨尔乔（Saljo）在1976年提出。国外研究认为深度学习是指教学机构、教育者和研究者所喜爱的，具有实际意义的学习方式，可以使学生获得最佳的学习效果，对所学知识理解透彻，并且与学生学习动机和内在愿望紧密联系在一起。国内亦有关于深度学习的研究，北京师范大学郭华教授的观点为：所谓的深度学习就是指在教师的引导下，学生围绕着具有挑战性的学习主题，全身心积极参与、体验成功、获得发展的有意义的学习过程。[1] 在这个过程中，学生掌握学科的核心知识，理解学习的过程，把握学科的本质及思想方法，形成积极的内在学习动机、高级的社会性情感、积极的态度、正确的价值观，成为既具独立性、批判性、创造性又有合作精神、基础扎实的优秀的学习者，成为未来社会历史实践的主人。

深度学习是当前教育改革中培养学生核心素养的重要途径。如何在课堂教学中落实学生的核心素养，实现立德树人的根本任务是当下课堂教学改革必须思考的问题。传统的课堂教学过多聚焦知识的传递，而忽略了促进学生主动的发展，其实是偏离教学的本质和意义的。课堂教学知识的学习应该是一个载体，重要的是通过课堂学习让学生把知识和学生的有关生活建立有意义的关联，通过学生主动学习把知识转变为学生成长的素养。这样的课堂教学既实现了培养人，又实现了发展人的目标。这样的课堂教学才是好的教学、真正的教学，更是核心素养时代课堂教学改革追求的理想课堂。教师在课堂教学中不再仅仅是知识的传授者，而是成为学生学习知识的引领者、促进者和推动者。教师助学，让学生的学习从浅表的知识记忆到知识的主动获取，进而在运用解决实际问题的过程转变为自己的素养，这样的课堂是深度学习的课堂、是落实核心素养的课堂。

基于小学语文的课程性质，小学语文的深度学习是以小学生语言文字运用能力的培养为目标，师生围绕小学语文学习内容中适切的学习单元

---

[1] 郭华. 深度学习及其意义 [J]. 课程·教材·教法，2016 (11)：25-32.

（或模块），通过与语文学习内容、言语实践情境、自身语文经验的对话，使学生与语文文本中的语言内容建构全新关系的过程。在这个过程中，学生在教师的引领下全身心积极地投入语文学习，师生共同经历探索语文知识，共同进行学习、实践与运用，从而体验语文学习的成就感。教师助学是学生走向深度学习的重要因素之一，具有不可替代的关键性作用。

基于深度学习的内涵特征，我们不难发现深度学习的主体一定是学生，教师只是引导、助学；深度学习的基本载体应该是基于学科课程，构建出的合宜学习单元（或模块）；深度学习发生的关键应该是教师的引导与助学策略的选择。因此，深度学习的小学语文课堂应该具有显著的核心特征：首先，深度学习发生的条件需要建构资源有广度、知识有厚度的学习单元（或模块）；其次，保证学生在学习过程的主体地位，实现教学关系的转变，由教师的"教"为重心转向学生的"学"为重心，达到思维有高度、学习有深度的学习效果；最后，实现课堂教学中评价有力度、结果有效度的学习目标。

助学课堂具有构建学习单元、选择助学策略助推学生学习和评价在场三大特征，是小学语文深度学习具体化表达，是落实语文学科核心素养的可行方式。深度学习是落实学生核心素养的课堂教学改革的主要途径，助学课堂的提出与实施顺应了课堂教学改革的形式，符合了课改的理念。

三、助学课堂研究的意义

助学课堂研究在理论层面的意义及实践方面的价值在于：

（一）促进教与学方式的变革

传统的课堂以教为主，在知识传递上快捷高效，是"知识素养时代"最有效的教学方式，但是在培养学生素养方面存在着以教代学的弊端，不适应"核心素养时代"的教学理念。助学课堂研究"以学为中心"的课堂，进一步丰富"学生为主体"的教学理论，旨在通过优选助学策略，为学生达成真实学习建构可行路径，为教与学方式的转变提供理论研究基础。

（二）明晰学生"学习"的概念

学习是以已有的知识、经验为基础，主动建构新知识的过程与行为。助学课堂研究的区域是课堂，主张课堂是学生学习发生的场所，学习是学生在课堂中自我建构、自我完善、自我创造的过程。该研究有助于明晰学生"学习"的概念，丰富"学习"的理论。

（三）探寻"深度学习"的有效路径

深度学习是学生为解决实际问题而发生的一种高阶思维学习活动，这种学习发生的基础是学生学习的真实发生。"助学课堂"旨在研究教师如何实施助学策略，发挥助力作用引导学生积极主动地探究学习，形成学习力，从而走向深度学习。从这一方面来看，本研究对丰富"深度学习"内涵，探究"深度学习"的有效途径，达成有效培养学生核心素养等方面意义重大。

（四）助学课堂首先让"教学"回归了本义

从本质上讲学习应该是学生自己学会的，并非教师教会的。课堂应该是一个助学的场所，教师应该是学生学习发生的促生者，是学生学习行为的助推者，是学生合作、探究学习的帮助者。教师的教学行为与任务在于帮助学生整理知识、提升能力，让模糊的知识变清晰，让肤浅的知识变深刻，让零散的知识变得结构化。助学课堂保障了"教学"要义的回归，让课堂向着学生的素养提升而转变。

（五）助学课堂改变了课堂生态

助学课堂是"学为核心"的课堂，这里的"学"包含两层含义，一是指学生，二是指学习行为。助学课堂以"学生"为中心的理念体现了教学理念的变革，让课堂成为了学生学习活动的场所，学生主体地位得到了应有的保障。助学课堂以"学习行为"为中心的理念体现了教学方式的变革，课堂上教师关注学生的学习过程，教师的教成为学生学习的帮助，以此为基础的学生自主、合作、探究的学习方式应然发生。助学课堂的应用使课堂真正成为了学习发生的场所，成为了学生探究的场所，课堂由传授学科知识为主的逻辑结构转变为了以学生学习为主的逻辑结构。

（六）助学课堂改变了学生的学习样态

助学课堂提升的是学生的学习力，从根本上改变了学生被动接受知识的现状，让学生处在教师提供的学习环境与助学策略的条件下，经历发现问题、提出问题、分析问题、解决问题的全过程。课堂学习成为了学习知识、提升学习力的历程。特别是评估量规的引入，充分发挥了以评促学的作用，改变了学生的学习样态，让学生既明晰学习路径，又清楚学习目标。

（七）助学课堂改变了教师的教学形态

助学课堂改变了教师的教学行为与指向。过去我们的教学重点研究教师的教，研究教师教什么，怎么教，关注的是如何把知识教给学生。助学课堂实践中，教师的教学行为则指向研究学生的学，研究学生学什么，怎么学，需要教师提供怎样的"助学策略"，关注学生是否进行了学习，是否向着解决实际问题的深度学习发展。

四、助学课堂研究内容与方法

助学课堂教学研究立足课堂教学实践，并结合相关理论，在开发的、发展的研究过程中不断地总结、反思。

（一）研究问题与对象

研究的对象是小学语文课堂教学，研究的核心是课堂教学方式的转变，具体着眼点是课堂上教师采用何种助学策略帮助学生真实学习的发生，从而让学生走向真实学习，达成有效的课堂学习效果。

（二）研究主要目标与总体框架

"助学课堂"包含三个层次的内容：以学定教，这里的"教"是指根据学生的学习需要重构的学习单元；以教助学，即教师根据不同课型选择合适的助学策略助推学生的学习，改变以教为主的课堂行为；以评促学，即用与学习目标一致的评价量规实施评价，从而以评价结果来促进学习的发生。

  第一部分以学定教，学习单元的重构。以"1＋1"为策略实施学习内容重构，理念是根据学生的学习需要或者是为了达成某项学习能力与素养，保障学生深度学习的发生，出现高阶思维而建构的补充、拓展、延伸的学习内容。其中前一个"1"为语文教材的固定内容，其目的重在固本，是基于教材中"定篇""例文""样本"等篇目实施的学习。后一个"1"是为学生学科素养形成而拓展的学习内容。基于学生学习需要实施的内容重构，主要是以"学习"为统领，让学习资源为学习的发生而重构。根据学生的学习需要共分为五种重构类型："1＋1 习作"读写结合类型、"1＋1 篇"阅读整合类型、"1＋1 组"群文阅读类型、"1＋1 本"整本书阅读类型、"1＋1 实践"综合实践活动类型。这些课程重构类型分别指向学生语言建构与运用，思维发展与提升等学科核心素养。

  第二部分以教助学，助学策略的选择。研究分识字课、阅读课、习作课、口语交际课、综合实践课五种课堂类型，根据学生的情况研发不同的助学策略，让教学行为转变为助学行为，让以教为主的课堂模式转变为以学为主的课堂模式，学生在教师的帮助下，进行真实性的学习，让课堂发生深度学习。在识字课堂中利用情景串联、字理释意等助学策略引导学生完成读字音、识字型、解字意的学习目的；在阅读课上利用对比阅读，联结阅读，迁移阅读，提取关键信息，助学单等助学策略助力学生阅读能力的发展；在习作课上采用读写结合助学策略，样本示范助学策略，教师下水文助学策略，思维导图助学策略等促进学生习作能力的提升；在口语交际课上采用情景助学策略，表演助学策略等培养学生口语交际能力。

  第三部分以评促学，评价量规的研制。根据不同的课型与具体的学习目标制定相应的表现性评价标准，形成教学评一致性的评价量规，让评价量规嵌入课堂教学环节，发挥导向作用，让学习行为向着既定的目标发展，以达成高效的学习效果。

(三) 研究重点难点

该项研究的重点为不同课型的助学策略研究。语文学科包含五种不同的类型，并且五种课堂类型根据不同学段的特点对学生提出的要求是不同的，不同课型在不同年级所选取的助学策略会有不同，有时同一课型在不同年级选择的助学策略也不同。该研究的难点在于教师教学理念的转变，是否真正在课堂教学过程中让助学策略发挥有效的作用，让学生在课堂当中彰显主体地位，走向深度的学习。

(四) 研究的方法

该实践研究主要采用行动研究法。该方法"是根据实际工作的需要，研究者和实际工作者共同参与，在实际工作中进行，使研究者与实际工作者的角色合一，研究成果被实际工作者理解、掌握和实施，解决教育教学实际问题的一种研究方法"。[①] 刘良华教授在《行动研究：是什么与不是什么》一文中提出，真正意义上的行动研究必须同时具备参与、合作、改进、系统等四个特征：参与，即教师参与行动研究，也可以理解为"教师成为研究者"；合作，即强调参与行动研究的教师由个人化的、孤岛化的研究走向群体性合作研究；改进，主要是改进教学实践，除了改进实践外，它还会包括改进教师的理解以及实践者所处的社会情境；系统，主要指行动研究者必须使用某种"科学的方法"而不使自己沦落为"随意性问题解决者"。[②]

笔者研究包含以上四个要点。在真实的教育环境中按照一定的操作程序，综合运用多种研究方法与技术，以解决教育实际问题为目标，一边实践，一边反思，一边研究总结。特别是该研究历经了语文统编教材的变革，在研究过程中不断地调整思路和研究方法，保持研究与教育教学改革

[①] 和学新. 行动研究法简介 [J]. 教育改革, 1994 (2): 63-65.

[②] 刘良华. 行动研究：是什么与不是什么 [J]. 教育研究与实验, 2001 (4): 66-71.

的与时俱进。

1. 经验总结法。经验总结法即是将大量丰富的教育经验提升为教育理论的方法。它是在不受控制的自然状态下，依据教育实践所提供的事实，按照科学研究的程序，分析概括教育现象，揭示其内在联系和规律，使之上升到教育理论高度，促进人们由感性认识转化为理性认识的一种教育方法。笔者立足一线课堂，研究总结了大量课例，在不断的探寻与摸索中归纳出"助学课堂"这一课堂教学变革理念。

2. 文献研究法。文献研究主要就是通过相关文献的收集和分析，了解学习理论和教学理论的研究现状，了解国内外课堂教学方式变革的现状，分析当前该项研究已有的成果与现状。笔者通过搜集和了解相关教育理论，包括心理学、教育学等相关学科的理论著述，进行分类、整理与分析，进而得出对"助学课堂"比较科学的认识，形成其理论框架，并用来指导研究与实践。

3. 问卷调查法。通过问卷调查当前课程建设与课堂教学实施中存在的问题，了解学生、教师和管理者对相关问题的认识，使研究更加具有针对性。笔者在实践中通过对学生、教师进行问卷调查，然后对数据进行分析研究，得出相关结论，以此结论为依据，推进实践与研究，以保证研究的科学性。

4. 案例分析法。案例分析法是指相关教学案例的记录、分析与研究，是对一个有研究价值的教学案例以教育叙事的方式进行记录，研究团队对这一教育案例进行讨论研究。对有价值的问题在课堂教学实践中进行实践与验证。本研究中笔者选用典型的教学案例，为研究提供真实而具体的研究事实，促进对助学课堂进行写实性的研究。

五、国内外课堂教学研究观点综述

（一）国外课堂教学研究观点综述

在国际教育改革与发展的浪潮中，许多国际组织都推动研究学生学习方式的变革。通过搜索文献资料并结合当下教育教学实际，笔者发现对我国基础教育课堂教学改革影响比较重大的当属美国的翻转课堂和项目式学习以及芬兰的现象教学。下面简要综述三种课堂教学方式：

1. 翻转课堂。从2011年起，"翻转课堂"在美国学校里逐渐流行起来。所谓翻转课堂，就是教师创建视频，学生在家中或课外观看视频中教师的讲解，回到课堂上师生面对面交流和完成作业的这样一种教学形态。这是一种颠倒传统的教学方法。

翻转课堂在以下三方面从根本上改变了学生的学习。一是"翻转"让学生自己掌控学习。翻转课堂后，利用教学视频，学生能根据自身情况来安排和控制自己的学习。学生在课外或回家看教师的视频讲解，完全可以在轻松的氛围中进行，不必像在课堂上教师集体教学那样紧绷神经，担心遗漏什么，或因为分心跟不上教学节奏。学生观看视频的节奏快慢全在自己掌握，懂了的快进跳过，没懂的倒退反复观看，也可停下来仔细思考或记笔记，甚至还可以通过聊天软件向老师和同伴寻求帮助。二是"翻转"增加了学习中的互动。翻转课堂最大的好处就是全面提升了课堂的互动，具体表现在教师和学生之间以及学生与学生之间。由于教师的角色已经从内容的呈现者转变为学习的教练，这让教师有时间与学生交谈，回答学生的问题，参与到学习小组，对每个学生的学习进行单独指导。当学生在完成作业时，教师会注意到部分学生为相同的问题所困扰，于是就组织这部分学生成立辅导小组，往往会为这类有相同疑问的学生举行小型讲座。小型讲座的美妙之处是当学生遇到难题准备请教时，教师能及时地给予指导。三是"翻转"让教师与家长的交流更深入。翻转课堂改变了教师和家长的固有观念，即课堂上好学生的标准是什么。唯有更深入交流，教师和家长才能形成教育合力。

2. 项目式学习。项目式学习是一种以学生为中心的教学方法，它提供一些关键素材构建一个环境，学生组建团队通过在此环境里解决一个开放式问题来学习。需要注意的是，项目式学习过程并不关注学生们可以通过一个既定的方法来解决这个问题。它更强调学生们在试图解决问题的过程中发展出来的技巧和能力，包括如何获取知识，如何计划项目以及控制项目的实施，如何加强小组沟通和合作。项目式学习过程最初是为了医学教学而发展出来的，后来被广为传播，继而使用在其他各个学科的教学中。项目式学习的过程赋予了学习者应对未来挑战的能力。

项目式学习通常是在一个学习小组中进行，学生们在这个小组中有各自的角色，而且这个角色会不断轮换。在项目式学习中学生们的学习是通过自己的思考和推理来实现的。有一种七步法，包括弄清概念，定义问题，头脑风暴，构建和假设，学习目标，独立学习和概括总结。简而言之，就是搞清楚他们已经知道的，他们需要知道的，去哪里以及如何获得新的有助于解决问题的信息。老师的角色是，通过支持，建议和指导来帮助学生们更好的学习。老师必须要建立学生们敢于接受难题的自信心，鼓励学生们，并且在必要时拓展他们对问题的理解。项目式学习代表了传统的基于论文的教学模式的转变。项目式教学和传统的照本宣科教学非常不同，它需要更多的准备时间和材料来指导各个小组的学习。

3. 现象教学。现象教学（Phenomenon-based Learning），或称"跨学科学习模块"，由芬兰国家教委会 2014 年 12 月发布的 1—9 年级《基础教育国家核心课程大纲》提出。新大纲明确提出，每所学校每一学年至少要进行一次跨学科学习模块，也即现象式教学（现象一词，指事物的整体面貌，而非分割为各个领域与学科）。现象式教学即事先确定一些主题，然后围绕这些主题，将相近的学科知识重新编排形成学科融合式的课程模块，在同一模块中囊括经济、历史、地理等各种跨学科的知识，以主题贯穿学习，这样的课程模块为载体，实现跨学科教学。

"现象教学"更加注重跨学科知识的综合运用，而且任务目标的选择，更多地来自学生日常所能接触到的"现象"，如设计欧洲旅行方案，这样的项目任务更加生活化和情景化，有助于学生认识和理解。围绕特定的主题，结合项目式、情景体验式和合作学习，实现跨学科教学，培养学生的综合能力。首先，它让所学回归生活，鼓励学生以生活中的真实现象或学生关心的主题为学习内容。这继承了杜威提倡的"学校科目相互联系的真正中心，不是科学、不是文学、不是历史、不是地理，而是儿童本身的社会活动"[1]。其次，现象教学又传承了在"做中学"的理念，让学生在项目合作中学习沟通技能、学会解决问题，学会对他人的观点或身边现象进行反思批判，是一种将21世纪技能培养和科目教学相结合的新型教学方法。最后，现象教学是真正"以学生为中心"的教学过程，从现象或话题的选择到课堂实践和学习，再到学习效果评估，学生都是实施的主体。

此外，还有"少教多学"的思想。2004年，新加坡总理李显龙在该国国庆群众大会上发表演讲时对教育提出"我们得少教一点，让学生多学一点"的要求，即"少教多学"。"少教多学"一经提出，就成为新加坡教育的热门话题，为新加坡新世纪教育改革与发展注入了新的活力。"少教多学"提出后，新加坡教育部采取多项改革措施，各学校也进行了多种有益的探索，使"少教多学"教育理念得以卓有成效地落实。一是削减课程内容。削减学校课程内容，给予学校和教师相对更多的空间来进行课程和教学设计，促进学校和教师把教学焦点转移到重视革新及创意思考、终身学习及群体合作精神的培养上来。从2005年开始，小一至小五华文课文删减了10%至15%的内容。小学至初中的数学课程内容分别削减了10%。到2010年，新加坡中、小学各科课程内容均减少了10%至20%。教材删减后剩余的教学时间，学校开设学生感兴趣的课程，教师则自行安排授课内容。二是减少功课量。减少书面作业确保学校有足够的时间向学生灌输国民教育意识，教导资讯科技，引导学生进行创意思考。三是倡导新教学方法。创设体验式或探究式的学习情境，来探索如何使学生获益更多，并设立学校创新基金支持学校的创新计划。毅道中学采用了问题解决、戏剧表演等以学生为中心的教学法，培养独立自主的学习者；南华中学实验"反

---

[1] 赵祥麟，王承绪. 杜威教育论著选 [M]. 上海：华东师范大学出版社，1981：6.

鱼式单元教学法",增加学生华文学习的参与机会;四德小学则开展"学习之旅",带学生去社区、集市、商店上课,整合语文、数学、美术等各学科,强调学生体验。四是改进评估方式。教育部改革原来只重视学术成绩的"学校排名榜",而代之以涵盖学校在学术成绩、学术增值、体能艺术以及教学、教师福利、学生德智体群美等治校运作成绩方面的"学校成就榜",促进学校关注学生的全面发展。学科考试也实施改革,通过改革把考试的重心转移到学生能力考核上来。以华文考试为例,2006 年实施修订的华文考试格式,减少死记硬背的内容,增加联系语境的测试和听、说部分的比重;2007 年学生在作文考试中允许使用便携式中文电子字典。

(二)国内课堂教学研究观点综述

裴娣娜教授在《中国课堂教学改革 40 年的实践探索》一文中对我国基础教育改革中"要构建什么样的课堂"这一问题做了综述。我国中小学实践工作者打通了理论向现实转化的路径,创生了名目繁多、各有特色的课堂形态。(1)基于生命自觉的课堂。如生命课堂、生本(学本)课堂、快乐课堂。(2)基于情境教育、生态观、素质教育、教学文化的课堂。这种课堂致力于创设问题的情境,展示思维过程,使学生有较高的思维活动的质和量。(3)基于回归生活的课堂。其教学关注点是"联系生活""创设情境""活动体验"。(4)基于合作交往的课堂。这类课堂更关注学生的社会交往意识、社会角色规范和社会交往技能,引导学生学会合作,学会人际协调,相互尊重,自尊自信,培养学生社会适应性。(5)基于信息技术条件下的智慧课堂、个性化学习课堂。此外,还有关注成效的若干"高效课堂",体现为区域性推进的"品质课堂""自主学习与发展的课堂"等。

1. 学历案教学。在国内的课堂教学研究中最具有代表性的是华东师范大学崔允漷教授倡导的应用学历案的课堂教学。学历案,是关于学习经历或过程的方案。学历案是指教师在班级教学情景下,围绕某一具体学习单位的主题、课文或单元,从期望学会什么出发,设计并展示学生何以学会的过程,以便学生自主建构或社会建构经验、知识的专业方案。它是教师设计的用以规范或引导学生学习的文本，是学生通向目标达成的脚手架；它是一种学校课程计划、学生学习的认知地图、可重复使用的学习档案，是师生、生生、师师互动的载体，也是学业质量监测的依据。学历案记录着每一个学生学习过程的学业表现，由于单元或主题或课时是最小的学习单位，可称之为"微课程"。课堂教学可以通过改变学习方案，解决课堂教学中普遍存在的"虚假学习""游离学习"的问题，实现在课堂情境中最大化的"在学习""真学习"。崔教授主张，教师教学专业的全部作用就是引起学习、维持学习与促进学习，教师的角色是学习的促进者——通过促进儿童更好地学习来实现自身的专业发展。

2. 生本课堂。对课堂教学影响比较大的另一位是华南师范大学郭思乐教授，他主张生本课堂。生本课堂体现了"以学定教"的教学理念。只有建立在学生认知水平、知识能力"最近发展区"上的"以学定教"课堂教学才能具有较强的针对性，教师的教与学生的学也才能最大程度发生共振共鸣；只有把学生当作学习任务的"首要责任人"，教师由教的"控制者"变为学生学习的"共同体"时，"充满生机与活力"的课堂才能实现；也只有当教师能不拘泥于预设的教案，"眼中有学生"，能及时捕捉到学习进程中的信息并快速调整自己的教学思路时，课堂教学才能是有效的。同时要把思考的权利、时间和空间还给学生，让学生有充分表达自己思想和展示思维过程的舞台，让他们在质疑问难和讨论交流中获取知识，提升能力，感受成功的愉悦。

3. 小学数学助学课堂。仲广群老师提倡的小学数学助学课堂既可以理解为一种理念，又可以理解为一种方法。作为理念，"助学课堂"意在强调学习在本质上是学生自己的事情，具有不可替代性，教学的作用在于帮助、促进和催生这一行为的发生。作为方式，"助学课堂"强调"三助"，即自助：倡导先研后教，在"一探二学三生疑"的研究指导策略中，不断提高学生的自主学习能力；互助：让学生充分展示自己的学习成果，并通过提问、补充、质疑、辩论等形式，实现同伴间的合作学习；师助：

教师"以学定教",把力用在关键处、重心处,引领学生去"织网""爬高",在培养学生的高级思维能力上下功夫。

综合上述国内外的研究观点,教学改革就是转变课堂教学方式,落实课程标准倡导的自主、合作、探究学习方式,提升学生的学习能力,发展其核心素养。基于国内外研究基础,笔者所进行的助学课堂研究,从课程高度着眼,解决了课堂教学改革的顶层设计问题,保障研究走出了改革"只见树木不见森林"的弊端。助学课堂首要的研究任务从学生的学习素养出发,以大概念为统领进行学习单元的建构,保障教与学方式变革的实施载体。同时,还提出了助学策略的研究,这是助学课堂的核心所在,这既是教学理念的变革,也是学生学习方式的变革。在课堂教学变革中教师教学理念的变革决定着学生学习方式的变革,两者是相辅相成的,助学课堂的研究承载了教与学两个方面的变革,从"教"与"学"两大维度解决了课堂教学改革的单项性。本研究中,还把教学评估量规嵌入课堂,成为课堂教学中一个环节,充分发挥以评促学的杠杆作用,从根本上保障了教学评的一致性,提升课堂学习质量。

第三章
助学课堂的理论基础、内涵及特征

随着核心素养的提出，课堂教学改革要从"知识中心"转向"素养中心"，更加强调学生的主体地位，以"学"为中心的教学思想将成为最根本性的方向性变革。要实现教学关系的转变，教学的内涵就必须由关注教师"如何教"转向关注"如何帮助学生学"，即"教"是基于"学"的教。通过教师的引导与助学，达到学生"思维有高度、学习有深度"的学习目标。基于这样的理解，小学语文"助学课堂"的理念，经过近几年的研究，形成了如下的思考。

一、助学课堂的思想源泉

儒家学派创始人孔子曰："不愤不启，不悱不发。"意思是，学生对某个问题先要进行积极思考，还没有完全想明白时，教师要给予启发；当学生对某个问题的思考已有所得，但不是很明确时，教师要进行开导。孔子的观点点明了教师在教学中的作用——点拨、启发、助推，也点明了教师教的时机要出现在学生学习的困惑处。宋代儒学集大成者朱熹有言："读书是自家读书，为学是自家为学，不干别人一线事，别人助自家不得。"他主张学习是学生自己的事，教师无法代替。开创中国近代教育典范的陶行知先生对"教学"的含义也有这番论述："教的法子必须根据学的法子……先生的责任不在于教，而在教学，教学生学。"追溯古今教育家的思想，我们可以清晰地定位教师在课堂教学中的地位与作用，那就是对学生学习行为的催生，对学生学习活动的促进与助推。这些思想精华都成为了笔者所倡导的"助学课堂"的思想源泉。

二、助学课堂的理论基础

1. 系统理论。系统一词来源于古希腊，是由部分构成整体的意思。作为一门科学的理论即系统论，人们公认由生物学家贝塔朗菲创立。他于1937年首次提出了"一般系统论"的概念，又于1945年发表了《关于一般系统论》，奠定了系统论这一门学科的理论基础。他认为，任何系统都是一个有机的整体，组成这一整体的各个部分不是机械组合或简单相加。

系统理论的核心思想首先是系统由各要素有机构成，比如语文学习本身就是一个系统，由字、词、句、段、篇的学习构成。这一系统的整体功能发挥要依赖于各组成要素之间的结构、关系的优化组合。系统之间的要素相互联系、相互作用，他们之间并不是割裂地存在，而是由主题牵引，在尊重学习规律的基础上相互作用，最终提升学生素养，指向育人目标的达成。

系统理论还强调系统的整体观念。学生语文素养的达成需要发挥各个要素的整体功能，各个要素在各自孤立的状态下是无法形成或实现的。助学课堂其实就是一个系统，从大概念统领下的学习单元建构，到助学策略的选择，以及评估量规的嵌入，都是一个系统。系统之间的哪一个要素失衡，都会影响到学生语文学科素养的提升，进而破坏了学科育人的整体性。

2. 理解性教学理论。理解性教学是以理解为实质内核和特征的教学。从实质的内涵上看，理解性教学就是在教学过程中，教师、学生、文本、作者之间以文本为媒介进行对话，在对话的过程中，达到彼此认识、思维碰撞，实现高阶的认知活动。理解性教学不是传统的知识灌输，而是以学生理解为重要目的，实现学生自我价值意义的建构教学。助学课堂提出的助学策略，其根本性的目的就是促进学生对知识的自我建构，实现对所学知识的理解。这里的理解是指能把所学的知识迁移到新的环境和挑战中，而不仅仅是知识的回忆与再现。这里将理解概括界定为"解释、阐明、应用、洞察、神入、自知"等六个方面。

理解性教学的过程其实是一种唤醒的过程。助学课堂的理念之一就是把"教学"转为"助学"。教学是知识的传授，学生是被动的接受；助学是唤醒，教师采用助学策略助推学生的学习，知识的学习是学生自我主动获取建构的过程。所以"助学"的"助"就不止于一般意义上的"帮助"和"指导"，而是助燃学生学习热情的一个"助臂"，助长学生学习知识的一个"支助"，助成学生发展学习力的一个"佐助"，为此，助学的过程就是唤醒学生学习的过程。这一点与理解性教学相吻合。

3. 建构主义理论。20世纪90年代以来，建构主义学习理论逐渐在世界上流行起来。建构主义理论的提出是当代教育心理学史上的一次变革。这一场教育理论变革的产生有着特殊的历史意义和社会背景。20世纪后半叶，科学技术的迅猛发展给社会生活的各个领域都带来了深刻的变化和影响，社会也由工业化向知识化转型。知识大爆炸的时代，社会对创造性人才的需要逐渐成为一种趋势。原有的知识经验被打破，知识不再是一种固定的、统一的标准结论，而是一种创造性的、意义的建构。建构主义的学习理论也正适应了这种时代的要求。

建构主义学习理论认为，学习是学习者利用感觉吸收并建构意义的活动过程，这一过程不是被动地接受外部知识，而是学习者接触外部世界相互作用的结果。建构主义关于教学的思想主要体现在以学生为中心、注重联系实际和注重学习资源的提供上。助学课堂是以现代教育理论以及与之相关的心理学为研究基础。现代教学理论思想突出"以学生的学习为本""学生是学习的主体"的理论观点，这是助学课堂的理论基础。建构主义"学与教"的理论强调以学生为中心，要求学生由外部被动接受者转变为信息加工的主体、知识意义的主动建构者；要求教师由知识的传授者、灌输者变为学生主动意义建构的帮助者和促进者。这成为了助学课堂的学习心理学基础。

美国哲学家、教育家杜威认为，传统的教学方式是一种沿袭甚久、积弊甚深的教学方法，教学活动是在教室这个固定的场所里进行的，教师站在讲台上向儿童灌输系统性、逻辑性很强的教科书。儿童则坐在固定的位置上，静听和记诵教材，这是一种典型的以教师、教材、教室为中心的教学方法。这种教学方法目的在于使儿童获得知识，儿童采用背诵的方式来记忆，虽可以应付提问、考试和升学，却不能真正喜爱学习和掌握知识。儿童处于消极被动地位，兴趣、爱好受到压制，能力发展与主动性受到压迫和约束，教育缺少生机和活力。杜威倡导变革教师讲授、学生静听的教学方式，为师生共同活动、共同经历的教学方式。杜威所提出的教学方法体现的不仅是教学方法的变革，而是整个教育观念的变革，也是与传统教学理论的根本区别，即以获取知识为目的还是以培养人的智慧为目的。杜威要培养人的智慧，即明智的行为、行动的能力，解决实际问题的能力，倡导以知识来增进智慧。深度学习所倡导的理念与思想，都可以从杜威的思想中找到源头。助学课堂所倡导的就是以学生的学习为中心，教师的教是为帮助学生的学，教师在课堂教学中的作用就是选择合适的助学策略，对学生的学习行为进行催生与助推。助学课堂成为了当下教育改革杜威教育理论的课堂践行者。

三、助学课堂的内涵及特征

"助学课堂"倡导教师的教学行为由"教为本"转向"学中心"，这种课堂转变既关注了学生的主体地位，又回归了学习的本质。教师的教不再是传统的知识灌输，而是学习发生之前的催生，学习行为发生之时的助推，学习出现盲点处、坡点时的助力。

笔者倡导的助学课堂，如图 3-1 所示，是教师在建构的学习单元（或模块）中，采用合宜的助学策略助推学生学习，借助与学习目标匹配的评价量规促进学生学习的课堂。助学课堂的内涵体现一个中心，两个转向，三步助学，五种路径。一个中心：以"重学育能"为中心，即助力学习、培育能力，实现学科育人的目标。两个转向：一是理念转变，从"育分"

转向"育能";二是课堂转型,从"教学"转向"助学"。"一个中心,两个转向"成为助学课堂创生的一项课改理念。

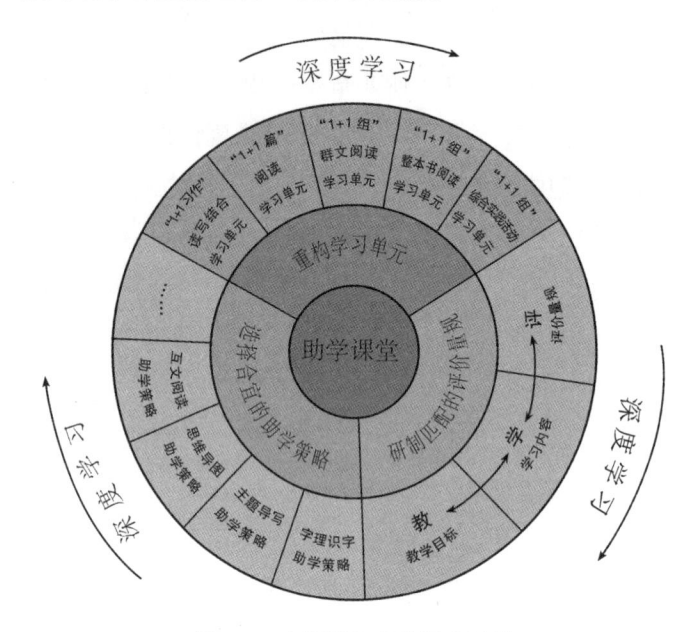

图 3-1 小学语文助学课堂图谱

三步助学:一是重构学习单元(或模块)。这里的学习单元是指以学科核心素养及其进阶发展为目标,对相关学习内容的整合,它融合学科知识、学科思想与方法,能够激发学生参与学习活动。助学课堂为保障学习活动的发生,采用"1+1"的策略,在大概念的引领下,以语文要素为核心实施学习单元的建构。二是研发合宜的助学策略。助学策略是教师从"如何教"转为"如何帮助学"的实践支撑。选择合宜的助学策略以保障学生学习行为的发生是助学课堂的关键与核心所在。三是课堂嵌入匹配的评价量规。助学课堂以"学"为中心,统领学生、教师、教材、环境、资源、方法等一切与学习相关的要素,它强调"学"是目的,其他要素都是手段与支持。评价量规的实施是镶嵌在课堂教学之中,由此达到"以评价促学习"的目的。

(一) 重构学习单元

为促进学习真实发生而重构的"学习单元"是指为达成某项语文素养与能力而建构的一个学习单位，一个学习单元就是一个学习事件、一个完整的学习过程，一个学习单元也可以称作为一个学习模块。这里的学习单元或学习模块，不同于语文教材中的单元，教材中的单元一般是由人文主题或语文要素为统领组成的几篇课文，确切地说那是一个内容单位，而学习单元则是围绕一个目标、内容、实施与评价的"完整"学习事件。为促进学习的真实发生，笔者倡导的助学课堂在大概念的统领下，以"1+1"为策略，构建了五种类型的学习单元（或模块）。其理念是根据学生的学习需要或者是为了达成某项学习能力与素养，保障学生真实学习的发生，而建构的补充、拓展、延伸的学习内容。其中前一个"1"为语文教材固定内容，其目的重在固本，是基于教材中"定篇""例文""样本"等篇目实施的学习；后一个"1"是为学生学科素养形成而拓展的学习内容。基于学生学习需要实施的内容重构，主要是以"学习"为统领，让学习资源为学习的发生而重构。

大概念统领下的"1+1习作"读写融合学习单元。前一个"1"是指教师根据文本的写作特色引导学生学习掌握某种写作方法；"1习作"指教师选择具有和该篇文章相似或相同写法的一篇文章或一个片段，引导学生在拓展阅读的过程中进一步领会写作方法；最后，在此基础上，引导学生进行仿写练习。例如，学习统编教材四年级上册《麻雀》时，笔者落实了作者"采用看到的、听到的、想到的方式把一件事情写清楚"的方法后，继续引导学生阅读西师大版第九册《捅马蜂窝》一文，进一步体会作者如何把捅马蜂窝的情景写清楚的。在此基础上，让学生用一段话写清楚教材"初试身手"中的练习，完成一次小练笔。这种学习素材的重构，为学生提供了一个"学习—领悟—练习"的真实学习空间。

大概念的统领下的"1+1篇"阅读学习单元。传统单篇教学存在目标单一、内容集中、有教无练的弊病。通过"1+1篇"重构学习单元可以让学生在学习前一个"1"的文本之后，通过组文的"1篇"实现迁移学习，达成巩固学习效果、提升语文素养的目的。这种学习单元能够拓展学生视野，提升学生的阅读能力，提升思维的高度。例如，学习了统编教材四年级上册第一课《观潮》之后，笔者采用"1＋1篇"的方式，拓展阅读原人教课标版四年级上册《雅鲁藏布大峡谷》，进一步引导学生体会"奇观"这一词语，比较两文作者表达的异同之处，进一步落实"边读边想象画面感受自然之美"的语文要素。

大概念的统领下的"1＋1组"群文阅读学习单元。这种学习单元不等同一般的群文阅读，教学前一个"1"篇时，要教会学生学习方法，夯实精读文本承载的教学任务和策略，后一个"1组"要提供丰富的语言实践的机会，让阅读增量提质，达到举一反三的学习效果。例如，学习课文《刷子李》时，先指导学生学习本文"黑衣上没白点—黑衣上出现白点—黑衣上的小洞"的情节结构，习得了"一波三折"的写作方法。在此基础上引导学生阅读一组文本《泥人张》《苏七块》《张大力》等文章，并思考这些文章是怎样运用"一波三折"的写作方法的，最终运用此方法描写生活中"一波三折"的事件。这种主辅式的组文方式，完成了从群文阅读到探索表达规律再到落实语用练笔的过程，帮助学生走出了仅仅停留在文本内容的浅表思维层面，教师通过引导学生应用分析与比较、抽象与概括、内容与表达等语文学习形式，实现学生高阶思维的深度学习。

大概念的统领下的"1＋1本"整本书阅读学习单元。这种课型是以教材为生长点，延伸课外阅读的方式。前一个"1"指教材中的"引子"，通过文本寻找到阅读整本书的切入点，教给学生相关的阅读方法，激发起学生的阅读兴趣，从而通过文本的节选推开整本书阅读的大门，让学生在整本书构建的宏大故事场景中进行思辨，调用批判思维，对人物与事件进行评判与分析，从而达成学生的深度学习。学习了课文《冬阳·童年·骆驼队》一篇课文，为了进一步认识林海音的童年生活，应引导学生阅读《城南旧事》。在整本书厚重的故事情节中，以全镜头的方式让学生了解林海音的童年生活。

大概念的统领下的"1+1实践"综合实践活动学习单元。前一个"1"为一篇精读课文或者是一组精读课文，后一个"1实践"是与课文相关的语文综合实践活动。为促进"深度学习"，教师引领学生通过语言文字形式或其他艺术形式（如戏剧、音乐或绘画），深化学习内容，升华凝练情感。这种学习单元的构建体现了语文学习资源的广度，让语文学习与生活实际、自然科学等不同学科建立联系，在实践中丰富和更新了语文学科知识。《丝绸之路》是人教版五年级下册的一篇课文，课文学习之后，让同学们进行跨学科拓展学习，研究绘制古代丝绸之路的路线；查找有关历史资料了解古代丝绸之路的历史意义和价值；进行调查采访，当下我们国家倡议的"一带一路"与古丝绸之路有何关系，对当今中国的发展意义又在何处？最终由学生写出自己的调研报告。

助学课堂所建构的学习单元是一组彼此关联、结构化的系列学习活动，它以大概念为统领，立足课内教材的同时，链接课外有价值的阅读材料，这种构建方式充分保障了语文教材应有的价值和地位，又让语文学习有广度、有宽度，在丰富了课程内涵的同时，为学生真实学习创建了可发生的条件。学习单元的构建，其实是语文课程建设的重要组成部分。

（二）研发合宜的助学策略

学习单元构建完成后，如何催生学生的学习行为，这就涉及如何优选助学策略的问题。"助学课堂"倡导学生在学习活动中全身心的参与、体验、发现与创造性的表达，从而实现真实性的学习。如何能够达成这样的学习状态，需要教师甄选助学策略引导学生学。以下为几种常用的助学策略，来为学生的学习助力。

1. 表格助学策略。表格助学策略是指借助表格对文本内容进行梳理，达成提高思维的敏捷度，提高学生学习效率的目的。这种助学策略具有直观性与概括性，既可以让所需信息化繁为简，又可以让学习可视化。

例如，课文《麻雀》是统编教材四年级上册第五单元中的一篇课文，该单元的语文要素是"了解作者是怎样把事情写清楚的"。《麻雀》采用的是观察加想象的表达方式。在教学中可采用表格助学的策略，采用如下表3-1 来呈现。

表 3-1　《麻雀》表格助学策略

看到	听到	想到
突然，一只老麻雀从一棵树上飞下来		像一块石头似的落在猎狗面前
它挓挲起全身的羽毛	绝望地尖叫着	
老麻雀用自己的身躯掩护着小麻雀		想拯救自己的幼儿
它浑身发抖了	发出嘶哑的声音	可是因为紧张
它呆立着不动		准备着一场搏斗
		在它看来，猎狗是个多么庞大的怪物啊！可是它不能安然地站在高高的没有危险的树枝上，一种强大的力量使它飞了下来

接下来在教学中，首先引导学生分别竖着读三栏文字，启发学生发现依次描写的是作者看到、听到的、想到的。接着，引导学生横向观察表格，发现作者表达的秘诀是"看到的＋想到的"或者是"看到的＋听到的＋想到的"；同时，还要引导学生理解作者想到的内容是有根据的，其根据就是看到的或听到的。最后，引导学生体会文章末尾作者的思想感情。选择"表格"助学策略，有利于学生直观发现，发现的过程就是学生真实学习的过程。学生发现作者表达策略之后，再利用此种方法进行练习，让学生的学习从"习得方法"走向"实践运用"，较好地落实了语文要素——"作者是如何把一件事写清楚的"。

除此之外，表格助学策略还常使用于"1＋1篇"阅读学习单元，在学习中学生可以运用表格助学策略进行比较阅读，比较文章的异同点。借助表格不仅可以清晰呈现学生思考的结果，也能培养学生理解能力和思维能力。课堂教学中的助学策略最终转化为学生的学习工具，学生的自主学习能力也就变强了。

2. 思维导图助学策略。思维导图是一种形象、高效的学习工具，通过思维导图中的关键词和图文符号，可以让散落的知识点整合为线状的知识串，呈现出可视化的知识脉络。使用思维导图助学策略可以帮助学生对知识进行梳理，这种梳理的过程，便是学生真实学习的过程。

例如，课文《忆读书》是统编教材五年级上册第八单元的一篇精读课文，该单元的语文要素是"根据要求梳理信息，把握内容要点"。文本中有大量读书方面的信息，作者对"书的感受或评价"也比较零散，有的还需要学生进行概括和总结。教学过程中教师要善于通过小组合作或其他方式，帮助学生提炼信息，做到信息不遗漏和信息准确两个方面。

学生提炼信息之后按照要求梳理信息，把握内容要点是接下来教学的重难点。教参中列举出了用各种符号在书中圈画的方法，但容易导致信息混乱；运用表格梳理信息的方法，也不利于表示信息之间的层级关系。于是笔者在教学中采用了绘制思维导图的助学策略，本节课的思维导图如图3-2所示。

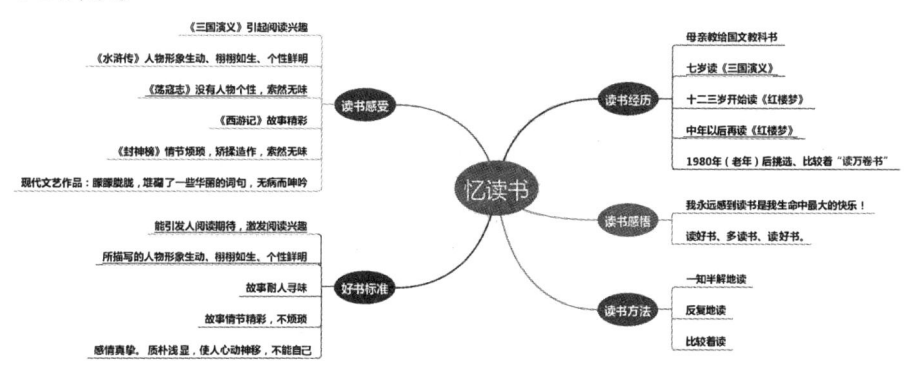

图3-2 《忆读书》思维导图

思维导图使得《忆读书》中信息和信息之间的关系一目了然，涵盖信息点也非常全面。不仅如此，思维导图助学策略也适用于"1+1组"阅读学习单元和"1+1本"整本书阅读单元学习。例如，著名特级教师王崧舟在阅读林海音的《冬阳·童年·骆驼队》一文之后，继续引导学生阅读《城南旧事》。他以本书的基调"童年的离别"作为基点，按照"故事名称—离别时间—离别地点—离别主角—离别方式"为脉络，引导学生进行梳理阅读内容。其实，笔者觉得改为运用思维导图进行梳理，整本书中的故事层级脉络更加的清晰，故事之间的关联性更强。

3. 互文阅读助学策略。互文原本是古诗文中常见的一种修辞方法，古文中对它的解释是："参互成文，含而见文。"具体地说，它是这样一种互辞形式：上下两句或一句话中的两个部分，看似各说两件事，实则是互相呼应，互相阐述，互相补充，说的是同一件事。由上下文意互相交错，互相渗透，互相补充来表达一个完整句子意思的修辞方法就叫互文。根据互文的含义引申而来的互文阅读助学策略是指为了某项语文素养的达成，根据需要对教材文本进行整合或取舍，选择添加课外文章作为补充来加以运用与说明，让课内文章与课外阅读文章达到相互、相涉、相融的关系，从而取得更丰富的"合效"效果。"互文见义"，可见一斑。教学中我们经常使用的补充背景资料就是典型的互文阅读。互文阅读的最终价值指向是促进原文本的领悟生成，它不是简单的阅读量的增加，而是阅读质量的升华提升；它不是文本内容的简单扩充，而是文本内容的有力映射和佐证，这是区别于比较阅读选文的重要特征所在。

例如，在教学统编教材五年级下册第一单元第二课《我和祖父的园子》一篇课文时，笔者注意到本单元的语文要素为"体会课文表达的思想感情，把一件事的重点部分写具体"。本课以明快、清新、活泼的笔调详尽地展现了祖父园子的勃勃生机，表达了作者对童年生活的眷恋和对祖父的怀念。作者以儿童的观察方式与心理，用细腻的笔触描写生活，把自己在园子里的自由与舒展，无拘无束的童年生活表达具体。但是，通过这样一个片段体会作者的语言实在是太单薄了，犹如管中窥豹。教学中笔者又选取了《呼兰河传》中适合用来互文性阅读的另一个关于园子的片段，在这段文字中，作者写到"在园子里尽情奔跑、摘玫瑰花悄悄戴在祖父的帽子上，看着祖父的窘态肆无忌惮的笑"。简约、清丽、明朗、不加粉饰的语言惹人欢喜，作者通过语言、动作、神态描写，同样描摹了无拘无束、自由自在与祖父和谐相处的画面。通过这一篇文章的互文阅读，同学们进一步了解了萧红的童年生活，更加明晰了作者的表达方法。更深切地感受作者无穷的快乐。童年在祖父娇惯中悠然任性成长的萧红，她的《呼兰河传》也一定会引发学生的阅读期待，进而促进"1＋1本"整本书阅读的兴趣。

互文阅读助学策略将课文置于众多的相关性文本群中，在不同文本的相互映照下，显露出其隐秘的意义，便于学生把课文与不同的文本语境关联起来，把隐含的意味发掘出来。运用互文性阅读策略带领学生沉浸在多重文本营造的厚重语境之中，让他们置于一个更为丰富的阅读框架里，通过联想、验证、评判、建模等语文实践活动，进而提升学生的语文素养，这是互文性阅读的魅力所在。互文阅读构成的学习单元，是引导学生深入阅读的良好助学策略。

4. 比较阅读助学策略。杭州师范大学倪文锦教授认为："比较阅读就是把两种或两种以上的语文因素加以比较、分析、归纳，辨别出被比较因素的共同点和相异点，从而达到加深理解的目的。"[①] 比较阅读是一种重要的阅读方法，能帮助学生在短时间内把握有关信息，读懂作者意图，提高阅读能力。比较阅读可以是相同题材作品的比较阅读，也可以是不同观点作品的比较阅读，还可以是不同表现手法作品的比较阅读等。可以选取文章内容，语言的运用以及表达方式，写作技法等方面作为比较的点。比较是思维深化的重要手段，比较阅读成为了培养学生理解能力和思维能力的

---

① 倪文锦. 语文教学反思论[M]. 济南：山东教育出版社，2021：245.

一种重要策略。这种阅读策略,在"1+1篇"阅读中是最常用的策略。

例如,统编教材四年级上册《纪昌学射》的第二三自然段是课文的重点部分,这两个自然段结构相似,可以通过比较阅读的方式教学。课堂教学中先引导学生反复阅读这两段,学生就会发现它们在内容上都是"先写飞卫的要求,再写纪昌的练习过程,最后写练习后的结果"的结构方式;接着引导学生通过两个段落的比较进一步发现作者在人物的语言、动作、夸张手法上的相同之处。这样的比较阅读属于求同比较,目的是让学生在求同比较中领会作者的表达特点和写作规律。本篇课文学习之后可以与本故事的文言文版进行比较阅读,进一步对比文章的异同。比较后学生就不难发现:现代文经过了作者合理化的想象,以生动的文本再现了故事情节,增添了故事的魅力;文言文则以精练的语言、简洁的故事情节阐述道理。这种求异比较,其目的是让学生在比较中体会不同表达方式及其优点。

通过上述例子我们可以看出,比较阅读有利于提高学生的语文能力,在比较中加深对文章内容、结构层次、写作特点和表达技巧的理解,对于两篇文章的异同点形成宏观的把握。在比较阅读中通过想象、知识迁移等方式,可以使学生的能力得到锻炼,阅读分析能力和鉴赏能力得到提升,进而培养学生的思维能力。因此,比较阅读策略是"1+1篇"学习单元指向学生语文核心素养的有效助学策略之一。

5. 主题导写助学策略。主题导写就是从"1+1组"文章中发现共同的表达主题,进行模仿练习,最终落实到自己的习作中的策略。在阅读中可以利用文本丰富、规范的语言,去丰富和规范学生的语言;用学习文本中准确生动的表达方法,去充实学生的口头表达和书面表达;引导学生在总结归纳相同主题的几篇文本的表达特点与规律的基础上,联系自己的生活,寻找"读写结合点",进行写作实践,进而内化为自己的语文素养。

例如,统编教材三年级下册第八单元的语文要素是:了解课文是从哪几个方面把事物写清楚的;习作要素是:学习整合信息,介绍一种事物。比如,学习课文《海底世界》时首先应引导学生了解作者从几个方面介绍海底世界，并且学习作者如何围绕一句话把意思写清楚；然后引导学生拓展阅读《小镇的早上》《青藏高原》《美丽的南沙群岛》等几篇文章。这几篇文章在写作方法上都是从几个不同方面介绍同一种事物，并且每个自然段都是围绕一句话写清楚一个特点。组文的阅读主题明确，写作特点鲜明，易于学生总结归纳；最后落实导写国宝大熊猫，导写要求做到从外形特点、生活习性等不同方面介绍大熊猫，并且学习运用一个自然段围绕一个特点的方法进行写作。主题导写策略使得"1＋1组"阅读从读走向了写，从学语言走向了用语言，从学表达走向了运用表达，让语文学习不断走向了高阶，指向了语文素养提升的核心。

（三）课堂嵌入评估量规

"助学课堂"是研究学生学习的课堂，学生的学习应该看得见。教学评价就是检测学生学习情况的晴雨表。学生在这一个学习单元中，学到了哪里，学到什么程度，这一系列的问题都需要我们关注。关注学生的学习，就需要启动评价量规，用量规去衡量，去规范学生的学习行为，去了解学习情况，达成让评价伴随教、引导学的目的。在这里需要强调的是，教学评价强调"教学评的一致性"，我们要研制与学习目标相匹配的评估量规，做到以评助学。以评助学是助学课堂的重要特征之一，以评价促学习，以评价促发展，这也是表现性评价的重要价值。"教学评一致性"是有效学习的基本保障，它不但要求三个环节清晰可见，还要保障三个环节互相联系。这种一致性体现在教学评必须指向共同的学习目标：教师的教，是为学习目标的教；学生的学，是为学习目标而学；课堂的评，是对学习目标的评。教学、学习、评价不再是孤立的环节，三者有机结合，相互影响，从而达成高效助学的课堂。

评估量规是一个真实性评价的工具，对学生的学习行为、作品、成果、成长记录袋或者表现，进行评价或者等级评定的一套标准，同时也是一个有效的教学工具，是连接教学与结果的一个重要桥梁。评估量规的制定要根据不同的课型，依据相关的学习目标来制定。在习作教学当中我们就应该根据本篇习作要求达成的目标来制定评价量规，用这一标准进行衡量自作是否达标。在阅读教学中就应该根据阅读的要求来制定量规，比如说阅读中提取关键信息，通过人物语言、动作、神态体会人物心情等，我们就要根据这些相关的语文要素制定，然后评价这些语文要素是否落实。下面以口语交际的评估量规为例子，做具体说明。

例如，统编教材三年级下册第八单元的口语交际是《复述》，我们可以根据教学目标，制定与教学目标相匹配的评估量规，如表 3-2 所示，既可以检测学生的学习，又可以用评价来促进学习。

表 3-2 《复述》的评估量规

评价标准	故事内容	主要情节	想象复述	复述方法	仪表神态	语音语调
	讲清楚	自己的话	合理想象	图表等	自然大方	别人听清
自我评价						
伙伴评价						
老师评价						
每一项达标得一颗★！				总★数		

助学课堂评价环节镶嵌在教学过程之中，是助学的一个环节。使用评价量规的目的是不断规范学生学习行为，衡量学生的学习发展情况，对没有达标的学习环节，鼓励学生进行自我调节性学习，以达到助学的目的。

课堂应该是一个助学的场所，教师应该是学生学习发生的促生者，是学生学习行为的助推者，是学生合作、探究学习的帮助者。教师教学的行为与任务在于帮助学生整理知识、提升能力，让模糊的知识变清晰，让肤浅的知识变深刻，让零散的知识变系统。助学课堂改变了学生的学习样态，它提升的是学生的学习力，从根本上改变了学生被动接受知识的现状，让学生处在教师提供的学习环境与助学策略的条件下，经历真实学习的全过程。课堂学习成为了学生学习知识、提升学习力的历程。因此，助学课堂从学习单元的建构到助学策略的实施，再到以评价促发展，不仅仅改变了课堂教学教与学的关系，更是小学语文课堂教学生态重构的有效探索。

第四章
助学课堂的学习单元建构

学生学科核心素养的培养必须具备三个条件：真实的学习任务情境；知识的系统运用；基于正确价值观的问题解决方案。因此，要达成学科核心的学习任务必须构建一个完整的学习事件，也就是学习单元。学习单元也就是指为达成一定的学科核心素养、完成学习任务而完成的学习事件。

助学课堂学习单元的建构是从课程的视角，通过学习单元建构落实学科素养，最终实现学科育人的目标。为了将核心素养落实到学科教学中，学习单元建构以大概念为统领，它能联结和组织碎片化的知识与技能，促进深度学习和意义的理解，还能打通学校教育与真实世界的阻隔，实现灵活、广泛的学习迁移，提升学生解决真实、复杂问题的能力。

大概念的英文是"big idea"。其中，"big"不是指庞大，也不是指基础，而是指核心；"idea"区别于"concept"，不是概念，而是观点、观念（因此也有学者翻译为"大观念"）。大概念是居于学科核心的观念，具有以下几个特点：（1）有一定的抽象性，是来自具体生活现象的概括；（2）不是一个事实，而表现为一种观点，可以不断被论证和讨论；（3）反映了专家的思维方式，其答案是多元的、变化的。

崔允漷教授指出，大单元是一种学习单位，一个单元就是一个学习事件、一个完整的学习故事。"现有教科书中的单元，譬如语文教材中一个单元通常是一个主题下的几篇课文，如果这几篇课文没有一个完整的'大任务'驱动，没能组织成一个围绕目标、内容、实施与评价的'完整'的学习事件，那它就不是我们所讲的单元概念。确切地说，那只是内容单位，而不是学习单位。"[1] 大单元有三个典型特征：一是大概念统领。大概念具有"透镜""聚合器"的功效，能把离散的事实和技能聚合起来，形成意义；大概念还有很强的迁移价值，能运用到新的情境中解决各种实际问题。"大概念打造单元的逻辑结构，使单元学习成为'大单元'，具有了学习的一致性和完整性。如果没有大概念这一'透镜'，所谓的单元学习就可能是碎片化的学习、浅层学习和不能有效迁移的学习。"[2] 二是大情境创设。大单元教学主张设置整体性的、真实性的、全程性的学习情境，以激活学生的经验积累，激发学生的学习动机，搭建学校课程学习与日常生活实践的桥梁。三是大任务驱动。大任务是引导并贯穿整个单元学习的任务，以有意义的、挑战性的大任务驱动主体性的、结构化的学习活动，让学生在自主、合作、探究的学习过程中提升学科核心素养。

如果说大概念是连接学校教育和真实世界的桥梁，那么，语文学科的大概念就是打通"学校的语文"和"生活的语文"以及"语文学习"和"语文运用"的关键。它体现了读者和作者的思维方式，指向发展学生的语文学科核心素养，特别是发展语言建构与运用能力，即言语实践能力。语文学科属于过程为本、技能驱动的学科。其基本特征是运用阅读与表达（口头和书面）的概念性理解和技能、策略、过程来理解文本的内容情感和表达主体的思想观点。因此，语文学科的大概念包括两种基本类型：一是有关言语内容的大概念；二是有关言语过程的大概念。更确切地说，因为语文学科以学习书面语为主，所以语文学科的大概念主要包括读写内容的大概念和读写过程的大概念（即基于读写的过程、策略、技能形成的概念性理解）。

助学课堂所需提倡的学习单元建构就是基于学科大概念为统领建构的学习单位。这一学习单元的建构既区别于传统意义上以主题内容为主线进

---

[1] 崔允漷. 如何开展指向学科核心素养的大单元设计 [J]. 北京教育（普教版），2019（02）：11-15.

[2] 李卫东. 读写新思维 [M]. 北京：商务印书馆，2022：10.

行学习内容整合的主题单元，又区别于统编教材语文要素统领下的单元。它是基于语文要素形成概念性理解，通过语文要素提炼之后更加上位的学科概念，语文要素是让学生明白做什么、学什么，大概念是让学生理解或明白"为什么要做"。

一、大概念统领下的"1+1 习作"读写融合学习单元建构

前文中已经描述了语文学科的大概念包括两种基本类型：一是有关语言内容的大概念，二是有关语言过程的大概念。这两个类型的大概念都是立足语文学科性质，以学用语言为核心进行聚焦。助学课堂提出的"1+1 习作"读写融合学习单元的建构，在大概念的统领下，变零散的读与写为整体情境下的读写深度融合学习，充分实现了单元要素的深度融合。该单元的构建"1+1 习作"读写融合学习单元前一个"1"可以指教材中的一篇课文，后一个"1 习作"则是基于前一个的学习，为了理解语言的表达方式让学生经历语言的过程而进行的习作。

例如，小学语文教科书以五年级上册第六单元教材编排了三篇课文——《慈母情深》《父爱之舟》《"精彩极了"和"糟糕透了"》，通过三个感人的故事，从不同角度表现了父母对孩子的爱，其人文主题"舐犊之情"非常鲜明。单元语文要素包括两个方面：侧重阅读的是"体会作者描写的场景、细节中蕴含的感情"，侧重表达的是"用恰当的语言表达自己的看法和感受"。依据单元主题、语文要素以及课后习题和交流平台的相关内容，可以提取出如下大概念：阅读时，品味印象深刻的场景、细节，能更深切地体会作者的情感；写作时，把情感藏在细致的场景、细节描写中，更能打动读者。这个大概念既符合课程标准规定的第三学段的阅读、习作目标——"体会作者的思想感情，初步领悟文章的基本表达方法""阅读叙事性作品，了解事件梗概，能简单描述自己印象最深的场景、人物、细节，说出自己的喜欢、憎恶、崇敬、向往、同情等感受""能写简单的纪实作文，内容具体，感情真实"，又消除了阅读和习作的思维屏障，

有利于实现读写融通、读写互促。再以大概念为统领，对单元内容、教学目标进行调适和重构，如将"用恰当的语言表达自己的看法和感受"的习作要素修订为"尝试运用场景、细节描写表达自己的思想情感"的习作目标。最后，设计大情境、大任务，引发和组织学生的学习活动，实现单元学习目标。如，播放一段"一位山区父亲扛着行李送孩子上学"的视频，让学生观看后对这一场景进行描写，通过细节表达父母的"舐犊之情"。如此，课程和教学就实现了由"内容单元"向"学习单元"的转变。

大概念引领下的"1＋1习作"学习单元，前一个"1"也可以指一组课文，后一个"1习作"也可以指统编教科书中每个单元后面编排的习作。例如，统编小学语文教科书四年级上册第五单元的语文要素是"了解作者是怎样把事情写清楚的"，习作目标是"写一件事，把事情写清楚"。从语文要素来看该单元的大概念被定义为：学习作者如何把一件事情写清楚。

统编教材在本单元中安排了四篇课文，两篇精读课文，两篇习作例文，结合本单元习作目标还在课文后安排了"生活万花筒"为主题的习作练习，要求选一件印象深的事，按一定顺序把事情经过写清楚。因此，大概念统筹下的本单元整体教学，在落实"作者怎样把事情写清楚"的单元语文要素时，应分为两个层面，一是学习作者如何做到按顺序写，把事情写清楚；二是学习作者如何把事情的重点部分写清楚。

围绕教学目标的达成设计3大课时的教学内容：第一课时学习"作者怎样按照一定的顺序把事情写清楚"；第二课时学习"作者如何把事情的重要内容写清楚"；第三课时读写融通，通过进行读写练习的方法展开学习。第一课时在落实"按一定顺序把事情写清楚"的学习目标时，除了课本上的《麻雀》《爬天都峰》两篇文章，另外整合了《生命桥》《爬山》两篇课文，按照精读学习、迁移学习、自学巩固的助学步骤助力学生习得按照事情的起因、经过、结果的顺序将事情写清楚的方法；第二课时重点学习《麻雀》一文中作者抓住看到的、听到的、想到的，通过这种感官叠加的方法把事情的经过写清楚，同时整合《我家的杏熟了》《小木船》《捅马蜂窝》《风筝》四篇文章为范例指导助力，引导学生进一步学习作者采用什么样的方法把一件事情重点部分写清楚。第三课时读写融通练习，则是基于以上两课时学生习得了按照一定顺序，抓住重点部分把一件事写清楚的方法之后，是否能实现"写一件事，把事情写清楚"的学习目标的检验，并且针对出现的问题进行评价，对照原文进行习作修改和再评价，真正做到以评促学，从而实现教学评一致性。这样在大概念的统领下，前一个"1"就是指一组文章，后一个"1 习作"就是本教材安排的习作，前面的文章是后面习作的例文，这样的学习单元的建构是紧密的。

二、大概念统领下的"1＋1篇"阅读学习单元建构

语文学科的大概念是指向发展学生语文学科核心素养，特别是发展语言建构与运用能力，也就是语言实践能力。但是在实际的教学中，教师依然是单篇教学，进行"平推式"教学。这样的教学方式只是聚焦"教过""教完"，只是为完成教学任务。这样的教学最终的结局就是，学生完成了课文内容的学习任务，但是无法确定学生的语文能力是否形成，语文核心素养是否得以发展。语文学科性质决定了语文的实践特点，语言文字建构过程离不开语言实践，但是单篇课文给学生语言实践能力提升的空间非常有限，从一定程度上来说学生语文素养提升缺少实践能力的载体。"1＋1篇"阅读学习单元构建，主要解决的就是语言实践的问题。但是这一学习单元的建构绝不是简单的一加一形式的叠加，而是两篇文章在大概念的统领之下各自承载相应的学习任务，两篇文章既有主次之分，也有学练之别。

例如，小学语文教科书五年级上册第六单元第一课是一篇经典课文《慈母情深》，这篇课文所承载的学习任务是让学生体会作者描写的场景、细节中蕴含的感情。这一篇课文的学习过程中，学生聚焦母亲工作厂房的场景、母亲工作时的场景和向母亲要钱的场景，三处场景的描写刻画了母亲工作环境差、工作劳苦，但是挤出养家糊口的钱来供"我"读书，一位

慈母的形象从文字之中构建了起来。学习之中再次聚焦各个场景中的细节描写，体会所蕴含的感情。刻画三处场景时，作者运用了反复的手法，放大细节，描写场景，传递情感。引导学生学完这篇课文之后，我们已经完全把教学任务完成了，特别是落实了场景描写和细节描写，淋漓尽致地表达了深情，学生头脑中留下的一定是一位慈母伟大的形象。从这样的学习结果看，学生只是汲取了文章内容，然而我们要让学生体会如何通过场景和细节描写表达情感，似乎还处在一个概念的层面上。为了进一步将学习推向更深层次，需要构建一个学习单元，让学生进一步体会场景和细节描写表达情感的方法。

  在教学中，笔者以"阅读时，品味印象深刻的场景与细节，深切体会母爱的伟大"的大概念为引领，以《慈母情深》为前一个"1"，以《花边饺子里的爱》为后一个"1篇"构建一个学习单元。在引导学生完成前一个"1"的学习之后，为了进一步强化对场景和细节表达情感的认识，进行迁移学习。在学习过程中通过对比阅读，利用表格助学策略，从异同两个方面展开对比，进一步体会场景和细节表达情感的方法。两篇文章一学一练，相互补充，在大概念的统领之下各自承担不同的学习任务。这样两篇文章的组合不再是传统意义上主题相同或题材相近组成的内容单元，而是为达成一个共同的学习任务，而建构的一个促进学习发生的单位。

  再如，统编小学语文教材五年级上册第六单元第二课是另一篇经典课文《父爱之舟》，这篇课文在继学习第一篇课文之后，进一步落实语文要素"通过场景与细节体会人物感情"。这篇文本场景更多，七个场景中，有的侧重环境的渲染，有的侧重事件的简单概括，有的侧重人物外形轮廓的勾勒，有的侧重心灵感受的独白。相对于上篇课文反复的手法来讲，在细节描写上也更加的多元，除了动作和心灵的独白之外，本篇课文最显著的特点就是运用了比较的方式表达父亲的"善解人意""润物无声""倾其所有"等情感。为了进一步落实语文要素，提升学生语文素养，教学中笔者提出"体会场景，品读细节，感受父爱如山的深沉"为大概念，构建后一个"1篇"《冰灯》为学习单元。在学习《父爱之舟》的基础上,迁移学习《冰灯》,通过父亲做冰灯的场景和父亲做冰灯时的动作体会父爱的伟大与深沉。在学习两篇课文基础之上,联系自己的生活场景,谈谈在什么样的场景中,通过什么样的细节感受到父亲对自己的爱。这样两篇课文在大概念的引领下组成一个比较厚重的学习单元,让学习能力发生了迁移,让理解程度有了进一步的加深。

以学科核心素养为大概念来建构学习单元,既是让学生从浅表性学习走向深度学习的一个抓手,也是有利于促进学生知识向素养转化的一个策略。学习单元的构建必定会引起学习方式变革,在一定程度上改变了传统教学中学科知识学习的碎片化,只记忆繁杂的事实和表象性的概念,缺乏对知识的深层理解等浅表学习的现象,有助于学生深度学习的发生,促进知识向素养转化。

三、大概念统领下的"1+1组"群文阅读学习单元建构

在助学课堂的研究初期,笔者提出"1+1组"群文阅读单元,前一个"1"是教材中一篇经典的文章,后一个"1组"是为学习能力的需要群组的一组文章。因为学习内容的局限,学生通过一篇经典文本不足以更加深入地进行学习,影响了学生学习视野的宽度。为了解决这样的问题,笔者提出以某项语文能力为主进行群组文章形成一个阅读学习单元。构建这样的一个学习单元,既保证了学习内容的宽度与广度,又可以让学生完成学习迁移。群文阅读学习单元的构建为深度学习创造了条件,为学生语文能力的形成提供了可能性。随着研究的深入笔者发现这样的学习单元虽然保障了学习内容的宽度,但是所群组的文章依然存在"线性叠加"的弊端,缺少从更高层面的引领或统整。

在思考研究如何解决的这一问题时,《普通高中语文课程标准(2017年版)》提出了"任务群"这一新概念。学习任务群与前期研究的学习单元具有高度的吻合性,于是在研究过程中借鉴了学习任务群的相关理念。

笔者认为所谓"学习任务群"是在真实情境下，确定与语文素养生成、发展、提升相关的人文主题，组织学习资源，设计多样的学习任务，让学生通过阅读与鉴赏，表达与交流，梳理与探究的自主活动，自己去体验环境，完成任务，发展个性，增长思维能力，形成个人的语言运用系统，提升语文素养。"语文学习任务群"以任务为导向，以学习项目为载体，整合学习情境、学习内容、学习方法和学习资源，引导学生在运用语言的过程中提升语文素养。若干学习项目组成学习任务群。学习任务群是一个新的概念，但它具有整合统领的作用，隶属于课程建设层面。学习任务群是在大任务的统领下，组建学习内容。将它迁移至"1+1组"群文阅读学习单元的构建，构建出围绕相应的任务的学习单元，这样就有效解决了研究初期的弊病。随着研究持续推进，统领着学习单元的大任务，发展成为大概念。在大概念的统领下，学习单元的建构迈上课程建设层面。

大概念统领下的"1+1组"群文阅读学习单元，要求教师必须有聚焦整合的意识，利用学习单元展开教学组织和调动，推动群文阅读的顺利进行。群文阅读学习单元不是简单的集中阅读，需要有融合、关联意识，教师应对学习单元进行深度研究，根据教学实际需要及时做出调整，这样才能让学习单元发挥融合作用，实现既有教学价值。一要精选学习单元内容。学习单元是大概念统领下的任务集合体，是多种任务的汇集，而不是简单的机械性叠加，是有内质联系的任务综合，具有系统性。在群文阅读学习单元教学中，教师应利用学习单元组织群文阅读，让学生自然进入阅读核心，建立清晰的阅读认知。不同群体学生基础不同，对任务有不同要求，教师在任务设计时需要体现梯度性，给不同层次学生准备不同任务，这样才能提升学生的语文素养。二要建立学习任务关联。学习单元中的概念有内质关联性，教师在构建学习任务时，要注意展开多重优化处理，以提升学习任务的契合性。不同群文组织，需要不同学习任务进行匹配设置，教师在充分的教情和学情调查基础上设计学习任务，其关涉性会更高，训练效果也会更好。

"1＋1组"群文阅读学习单元不管"群"有多大，都要关注每一篇"文"；都要基于课程专业化的认知，小口切入，小角度跟进，然后进行精细化教学设计，开拓出富有针对性的训练途径，进而科学高效地实施教学。小切口就是指的前一个"1"篇文章中需要落实的语文要素或语文能力而制定的学习任务，这一个学习任务是统领整个学习单元的核心与聚力点。在教学实践中，前一个"1"可以设计由作家的某一代表作（以选择教材文本为主）的"这一个"，拓展联系到"这一类"。比如：统编小学语文教科书五年级上册第一单元，第三课选编的是作家琦君的《桂花雨》，该单元的语文要素是"初步了解课文借助具体事物抒发感情的方法"。教学中为了达成这一学习任务，同时也进一步体会琦君对故乡的情怀，我们以"体会作者如何借助具体事物抒发对故乡的情感"这一大概念，来建构一个"1＋1组"群文阅读学习单元。在大概念的统领下，完成《桂花雨》的学习，通过表格等助学策略，来拓展对比学习琦君的《月光饼》《毽子里的童年》《春酒》等一组群文。在这一学习单元中，学习作者借助桂花、月光饼、毽子、春酒等具体事物，抒发了对故乡的怀念之情。在大概念的统领下，在学习任务的驱动下，通过"1＋1组"群文学习单元，不仅达成了语文要素的落地，同时更加丰满地感受到琦君对故乡的思念之情。

　　大概念统领下的"1＋1组"群文阅读学习单元，前一个"1"也可以设计为某一篇代表作（以选择教材文本为主）的"这一个"，拓展联系到"这一类"。比如：统编小学语文教科书五年级上册第八单元第二课，选编的是冰心的《忆读书》，教学实践中可以把这篇课文作为前一个"1"，后面的"1组"选编朱光潜的《谈读书》、余秋雨的《谈读书》以及毕淑敏的《人鱼公主》三篇文章。以"从前辈读书经验中汲取营养，规划我的读书生活"为大概念建构"1＋1组"群文阅读学习单元。

　　"1＋1组"群文阅读学习单元由一个文本勾连多个文本，形成相互比对的文本"阅读群"，以创设多元多维的阅读空间，更有利于阅读方法规律的总结或生成。值得注意的是，在单个文本深入理解的同时，尽可能上升到高品位的"群文阅读";切忌在学生对单篇文本不熟悉的情况下,就贸然去完成各种"群体"学习任务。

四、大概念统领下的"1+1本"整本书学习单元建构

关于整本书阅读的概念《义务教育语文课程标准(2011年版)》提倡"多读书,读好书,读整本书"。从课程标准上来看,阅读整本的书是提升学生语文素养的重要渠道和方式,如果没有一定阅读量作为基础,很难保证学生语文能力的提升。2016年统编小学语文教科书普及使用,低年级教科书编排了"和大人一起读",中高年级编排了"快乐读书吧"这样的栏目,这样的编排理念让整本书的阅读提到了课程加盟社的高度。笔者在统编教材使用之前提出"1+1本"整本书拓展阅读的概念,前一个"1"指的是教材内的一篇文章,后一个"1本"指的是与这篇文章紧密相关的整本书。最初,因为教材中有部分从整本书中节选来的经典单篇,为了拓展阅读,提升学生的阅读量,笔者提出这个概念,意在引导学生从单篇经典文本走向整本书阅读。

在实践过程中笔者发现整本书阅读趋向简单化、浅表化,整本书阅读只是进行了阅读活动,还停留在比较简单的自由阅读阶段,课型比较单一,基本模式大多呈现为自由阅读、句段摘录、写点评、做交流,或是让学生写读书笔记、读书报告,粗放型地召开读书报告会。整本书阅读效率的提高,需要在大概念的统领之下,由多种阅读课型的设置来做支撑,才能达成深入阅读的目标。导读推荐课、自读指导课、汇报展示课是整本书阅读的基本课型。各种课型的内在结构及各构成元素之间的内在逻辑,各种课型内部如何设计驱动任务,如何催生各种课型效益的最大化,这类问题还需要更多的深入研究与教学实践。

"1+1本"整本书阅读学习单元的构建,是在前期研究基础上的发展,这一学习单元的构建作为课程建设,更加明晰整本书阅读的价值指向:培养学生的语文素养。旨在引导学生通过阅读整本书,拓展阅读视野,建构

阅读整本书的经验，形成适合自己的读书方法，提升阅读鉴赏能力，养成良好的阅读习惯，促进学生对中华优秀传统文化、革命文化、社会主义先进文化的深入学习和思考，形成正确的世界观、人生观和价值观。这一指向体现到具体的实践中就是一个一个的大概念。在大概念的统领下"1+1本"整本书阅读学习单元的构建，让"整本书的教学价值主要体现在四个方面：提供相对完整的文化场域，推动认识过程的逐渐完善，促进阅读策略的综合运用，承载综合能力的进阶发展。对特定文化场域形成的完整认识，对自身认识发展过程的体验，对不同目标下阅读策略的建构，对综合性阅读实践能力的提升，整本书阅读的价值目标所指，在于学生综合语文素养的培养与提升。

　　例如：统编小学语文教科书四年级下册第八单元童话故事单元，选编了张天翼的童话《宝葫芦的秘密（节选）》，单元语文要素为"感受童话的奇妙，体会人物真善美的形象"。这一篇文章是整本书的开篇部分，读这一篇文章既不足以感受童话的奇妙，也不能够体会人物特点，更谈不上让学生博览多思、思维走向深刻，汲取营养让人格走向健全。于是，笔者在教学实践中以"以王葆的经历为例子，谈谈你对不劳而获的认识"为大概念构建"1+1本"整本书阅读学习单元。通过一篇，带动一本的阅读，在大概念的统领之下，整本书的阅读不再是浅表地读一读故事内容，而是在阅读中展开评判性思维，思考如何看待不劳而获这样的问题。从问题的层面看，这是评价与鉴赏的角度。大概念引领下的"1+1本"整本书阅读学习单元构建，从课程建设的视角去探讨整本书阅读教学策略，指向了语文核心素养的提升，成为了整本书阅读目标的应然追求，把学习引向了深度。

五、大概念统领下的"1+1实践"综合实践活动学习单元建构

　　大概念统领下"1+1实践"综合实践活动学习单元，前一个"1"为一篇精读课文或一组精读课文，后一个"1实践"是与课文相关的语文综

合实践活动。新的语文课程标准提出："语文课程是实践性课程，应着重培养学生的语文实践能力，而培养这种能力的主要途径也应是语文实践。"语文综合性学习，以提高学生的语文实践能力、语文素养以及培养学生的合作、探究精神为主要目标。语文综合性学习活动更多地关注学生的语文生活世界，将书本世界和生活世界打通，让学生把生活中的资源和书本知识交融，在综合实践活动中综合运用语文知识，整体发展语文素养，形成综合素质，为学生今后的学习和形成终身学习的能力打下基础。

统编小学语文教科书五年级上册第五单元是习作单元，安排了《太阳》和《松鼠》两篇精读课文，安排了《鲸》和《风向袋的制作》两篇习作例文。语文要素是：阅读简单的说明性文章，了解基本的说明方法；搜集资料，用恰当的说明方法，把某一事物介绍清楚。于是，这一单元的学习中，笔者以"参观科技馆之后，尝试使用所学习的说明方法，写一篇推荐文章"为大概念，构建学习单元。

这一组课文的教学是"1+1实践"综合实践活动单元学习的最好的例子。教学中，以《太阳》这篇课文作为前一个"1"，首先让学生初步学习说明文，了解课文运用的多种说明方法是本文的重要写作特点，这些说明方法的运用会使一些抽象的或不易懂的知识显得具体、通俗、明了，这样的描写会给读者留下深刻印象。其次是引导学生体会"从不同角度或多个方面来描写太阳与人类的关系，就会让读者感觉描写得更加具体"。后一个"1实践"中，笔者设计了"参观市科技馆"的综合实践活动。这次实践活动的目的是丰富学生的课余生活，加强科学技术普及教育，提高学生的科技素质，培养学生对科学技术的兴趣和爱好，增强其创新精神和实践能力，引导他们树立科学思想、科学态度，使他们从小爱科学、学科学、用科学，逐步形成科学的世界观和方法论。这个实践活动具体的要求，一是查找市科技馆的简介，大体了解科技馆的有关情况和科技馆内的有关设施；二是根据自己的兴趣和爱好，设计自己的参观路线和重点观察体验项目，并草拟出参观的路线图；三是运用在《太阳》这篇课文中学到的说明方法和多角度描写的表达方式，试着给科技馆写一篇推荐文章。

新版语文课程标准指出："综合性学习主要体现为语文知识的综合运用、听说读写能力的整体发展、语文课程与其他课程的沟通、书本学习与生活实践的紧密结合。""1＋1实践"综合实践活动单元落实了语文课程标准关于综合性学习的目标要求，实现了课内学习与课外实践的有机结合，以及书本学习与生活实践的整合，让学生在实践中综合运用各方面的能力，助力学生综合素养的提升。

大概念最大的作用就是起到统合的作用，让支离破碎的碎片知识学习凝结成为一个有机的整体，符合语文整体输入的学习规律，以促进学生素养的提升，达成学科育人的教育目的。以大概念为统领构建的这五种学习单元，属于语文课程范畴，在一定程度上大概念既是这一课程的目标，也是课程育人的成效体现。

第五章
助学课堂的助学策略

一、思维导图助学策略

思维导图因基本图形与人类的大脑神经元形状极其相似，故又称为脑图、思维的地图或思维的工具等。它是一种形象、高效的学习工具，通过思维导图中的关键词和图文符号，可以让散落的知识点整合为线状的知识串，呈现出可视化的知识脉络。统编教材在编排理念上有效落实了语文课程标准培养学生思维能力的目标，安排了"了解人物思维过程"的主题单元，在课后练习和习作中运用了思维导图助学系统。因此，在教学实践中采用思维导图的助学策略，不仅能够有效地帮助学生梳理知识，同时还培养了学生的思维能力。利用思维导图助学，学生的思维有了可视化的呈现，学习能够真实发生。

（一）思维导图助学策略的可行性

思维导图具有三大特点：形式的自然化、思维的可视化、内容的结构化。首先，因为思维导图的形状像人的神经元，有的研究人员认为思维导图的根源就来自于对人类神经元的模拟。实际上思维导图的绘制过程与我们人类大脑的思维过程是一致的，思维导图是从中心开始，由主干向外延伸，逐渐形成不同层级的分支，这样的形式与人类大脑思维过程中神经元在大脑中寻求链接相一致。其次，自然界中叶脉、河流、山川等自然界的形状与思维导图高度相似，也可以说思维导图的形式取于自然。最重要的是，思维导图符合小学生的认知心理。小学生以形象化的思维为主，以抽象的逻辑思维为辅。学生绘制形象化的思维导图，既符合小学生爱好游戏的心理，同时便于接受可视化的图形工具。并且思维导图体现了各个层级之间的逻辑关系，绘制导图的过程其实就是学生一个自我知识建构的过程，符合认知学习理论。由此可见，思维导图的特征与学习发生的历程是相互吻合的，其特性决定了它能够成为可行的助学策略。

（二）统编教科书思维导图的编排使用

2017年版普通高中语文课程标准指出：思维发展与提升是指学生在语文学习过程中，通过语言运用，获得直觉思维、形象思维、逻辑思维、辩证思维和创造性思维的发展，促进深刻性、敏捷性、灵活性、批判性和独创性等思维品质的提升。相对于2011年版义务教育语文课程标准，关于思维能力的表述，即"在发展语言能力的同时，发展思维能力"这一描述有了更加具体的阐述，尽管学段不同，对学生思维能力的发展要求也不同，但是从统编教材的编排理念上看，它比过去任何一个版本的教材都更重视学生思维能力的发展。笔者对统编教材中编排的思维导图做了统计与梳理，如表5-1所示。

表5-1 统编教材中的编排内容

册次	编排内容
一年级上册	语文园地三"字词句运用"关于"车"的组词
二年级下册	《蜘蛛开店》课后练习题，根据示意图讲故事
三年级上册	语文园地交流平台，遇到不理解的词语解决的方法
四年级上册	习作"小小动物园"
四年级下册	习作"我的奇思妙想"
五年级上册	习作"二十年后的家乡"
五年级下册	综合性学习，搜集资料的方法
六年级下册	习作"心愿"

结合教材编写的情况，我们发现思维导图助学主要体现在以下几个方面：一是信息分类助力逻辑思维发展。逻辑思维是思维能力培养中重要的一项，它是将思维内容以框架形式进行组织排列，也就是思维结构。思维导图的结构化表达了信息的分类以及层级关系，是助力学生逻辑思维发展的有效策略。如，一年级上册"语文园地三"在"字词句运用"部分，借助思维导图积累与"车"有关的词语。如图5-1所示，这一思维导图不仅

能够帮助孩子积累词语，还能渗透分类的思维训练。第一分支"上车、坐车"这是与车相关的动作；第二分支"车站、车厢"是与车相关的名词，所组成的词语"车"字在前；第三分支"火车、马车、汽车"是与车有关的种类，所组成的词语"车"字在后。这是统编教材首次出现这样的思维导图，教师要帮助学生梳理清楚，为学生思维发展引路。教学中可以引导学生拓展对"车"的组词，例如"开车、车座、洒水车"等词语；紧接着教师要引导学生利用这个导图进行分类，例如"开车"应该放在第一分支上，还可以再加一个支干，相应的词语分到不同的支干上。通过这一个完整的教学环节，学生不仅能够积累词语，还能对词进行分类，有助于学生逻辑思维能力的发展。

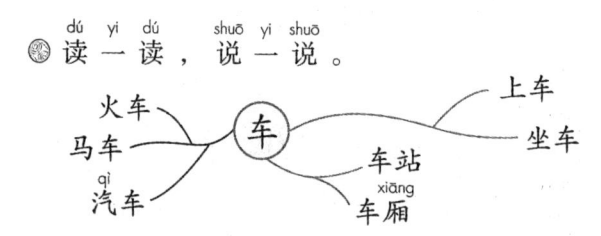

图 5-1　一年级上册"语文园地三"中的思维导图

二是有序整理助力形象思维发展。提取信息以及对所提取的信息进行分类、有序整理是小学生重要的一项阅读能力。思维导图的有序性和层级性不但可以帮助学生把零散的信息进行串联，同时也可以将信息形象地可视化，有助于学生形象思维能力的发展。如，统编教材二年级下册《蜘蛛开店》的课后习题，如图 5-2 所示，"根据示意图讲一讲这个故事"，教材用一幅蜘蛛网状图清晰直观地呈现了整个故事的内在逻辑关系：以蜘蛛开店为中心，建构起"蜘蛛开店—卖袜子—蜈蚣""蜘蛛开店—卖围巾—长颈鹿""蜘蛛开店—卖口罩—河马"之间的故事逻辑关系。这样的思维导图形象地展示了故事内容，条理清晰有序地重现了情节脉络，为学生复述故事搭建好了支架。

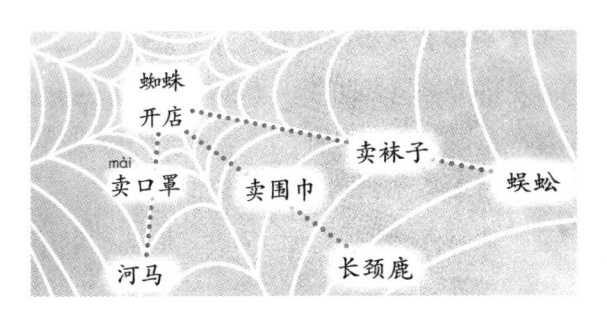

图 5-2 《蜘蛛开店》思维导图

三是思路梳理助力创造性思维发展。通过统计可以发现，统编教科书在习作教学中四次用到了思维导图，这足以说明它在习作教学中的价值。四次思维导图所起的作用各有不同，但都在于帮助学生梳理思路，为学生创造性思维的发展铺路。例如，统编教材五年级上册习作"二十年后的家乡"，其思维导图引导学生如何进行开头、中间和结尾内容的书写，重点段落内容的书写，重点在于梳理清晰的行文结构，指向"写清楚"的表达目标。统编教材四年级上册习作"小小动物园"，教材编排的插图旨在让学生把妈妈的特点与绵羊的特点建立对应关联，在此基础上对其他人物特点与某种动物特点进行创造性的描写。统编教材四年级下册"我的奇思妙想"，编者直接运用思维导图的方式，把会飞的小木屋从样子和功能两方面进行了梳理，并且对样子和功能又进行了分解，为学生展开奇思妙想提供了思路，如图 5-3 所示。

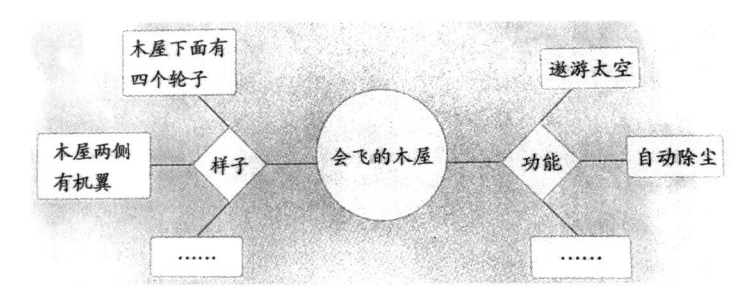

图 5-3 "会飞的木屋"思维导图

（三）思维导图助学策略的实践

1. 运用思维导图助学，助推理解过程。

思维导图可以让理解沿着一条清晰的思路向前推进，让路径清晰、结果可视，这是它的最大优势之一。

如，统编教材五年级下册《杨氏之子》一文中，孔君平因"杨梅"的"杨"同"杨氏子"的姓氏相同，便说"此是君家果"。杨氏子甚聪慧，马上将"孔雀"的"孔"和"孔君平"的姓氏联系在一起，委婉地应声答曰"未闻孔雀是夫子家禽"。孔雀自然不是夫子家禽，杨梅便不是君家果，事物类推，反应机智，回答委婉，尽显了杨氏子甚聪慧。如果教学中采用思维导图，如下图5-4所示：

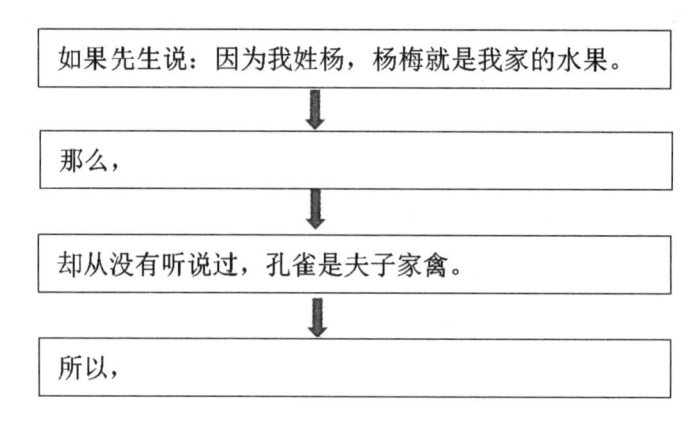

```
┌─────────────────────────────────────────┐
│ 如果先生说：因为我姓杨，杨梅就是我家的水果。│
└─────────────────────────────────────────┘
                    ↓
┌─────────────────────────────────────────┐
│ 那么，                                   │
└─────────────────────────────────────────┘
                    ↓
┌─────────────────────────────────────────┐
│ 却从没有听说过，孔雀是夫子家禽。         │
└─────────────────────────────────────────┘
                    ↓
┌─────────────────────────────────────────┐
│ 所以，                                   │
└─────────────────────────────────────────┘
```

图5-4 《杨氏之子》思维导图

学生通过这样的一个思维推理之后，自然杨氏子一步一步地推理得到了可视化的理解，无需教师过多的讲解，学生就能非常自然地体会到了杨氏子回答的精妙，杨氏子"甚聪慧"的形象自然跃然纸上。

学生利用思维导图有了可视化的理解之后，会以此类推，便引发创造性的思维，便会呈现"未闻李子是夫子家果""未闻章鱼是夫子家鱼"等精彩的回答，就能进一步丰满"甚聪慧"的人物形象。

2. 借助思维导图助学，理清层级脉络。

思维导图结构性的特点，可以帮助中高年级学生理清文本的篇章结构、段落结构以及作者的谋篇表达等。

如，统编教材三年级下册《海底世界》一文课后练习题要求，说说课文是从哪几个方面介绍海底世界的。教师可以引导学生熟读课文之后，提取诸如"海底与海面的差异""海底声音""海底动物的活动方式""海底植物的差异""海底物产丰富"等主要信息。学生提取完成之后，引导学生结合课文最后一段"海底真是个景色奇异、物产丰富的世界"这样一段话，理清课文应该是从"景色奇异"和"物产丰富"两个方面来介绍海底世界的，那么刚才我们梳理的信息如何进行分类呢？既然作者是从景色奇异和物产丰富两个方面来写的，文章的结构便一目了然。在此基础上，教师可以继续引导学生走入文本，聚焦到某一段落中，思考作者如何围绕中心句展开描写，是怎样做到把事物描写清楚的，引导学生继续用思维导图的第二层级展开学习。例如课文的第四自然段，本段的中心句为"海里的动物，各有各的活动方法"。课后练习题则提出"说说那段话是怎样把这个意思写清楚的"，这样的学习要求，显然就是落实"一个段落怎样围绕一句话写清楚"这一要求设定。于是，教学中，教师可以迁移思维导图的助学策略进行进一步的延展学习。这一段作者从不同的活动方式"有前进的，有后退的，还有自己不动的"几种类型特点来展开描写，把各有各的活动方式写清楚了，如图 5-5 所示。这样利用思维导图助学策略，不仅理

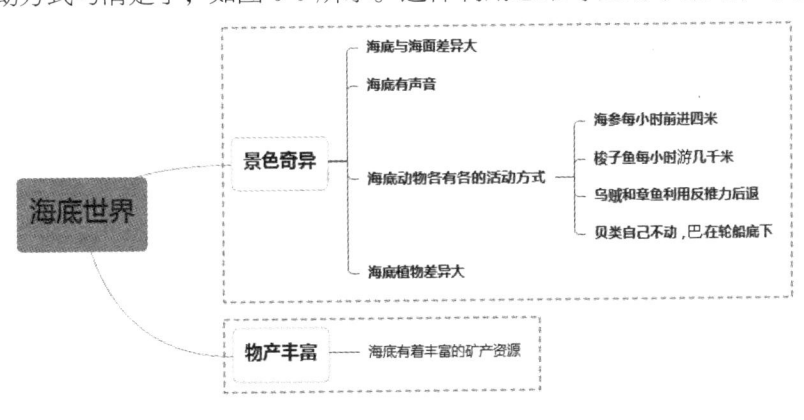

图 5-5 《海底世界》思维导图

清楚了整篇文章的结构，同时迁移到段落的学习，理清楚了段落结构，这一学习过程是学生自我知识建构的过程而非是教师的教学推动。

3. 借助思维导图，外显思维过程。

思维导图具有可视化的功能，将思维过程以直观的图文呈现，让思维过程看得见、看得清，从而加深了对文本的理解。统编教材五年级下册第六单元的语文要素为：了解人物的思维过程，加深对课文内容的理解。本单元共安排了《自相矛盾》《田忌赛马》《跳水》三篇课文，"了解人物的思维过程"是方法和途径，"加深对课文内容的理解"是目的。在本单元的学习中，教师可以充分发挥思维导图可视化的功能，让人物的思维过程可视化，进而达成理解文本的目的。例如，《跳水》一文学习中，先借助思维导图理清文章脉络关系，如图 5-6 所示：猴子—钻来钻去—摘帽子戴在自己头上—牙齿咬、爪子撕，逗孩子生气—挂帽子，龇牙咧嘴；孩子—笑得开心—哭笑不得—气得脸红了—气极了，走上横木；水手—哈哈大笑—又大笑起来—笑得更欢了—吓呆了。文章按这三条线索展开，故事的起因是猴子拿孩子的帽子，逗孩子生气引发的，孩子与猴子是明线。然而水手的"笑"推动了整个故事情节的发展，而水手们的笑就是故事的暗线。引导学生以思维导图的形式，分三条路径进行梳理，故事情节自然能呈现出清晰的脉络，并且环节的发展三条线索一一对应，学生对文本内容的理解也能清晰可观。

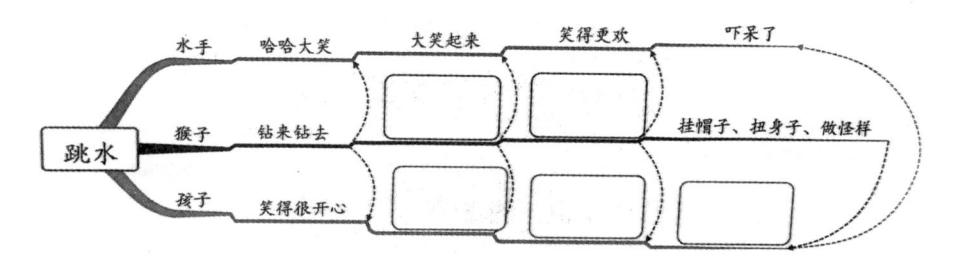

图 5-6 《跳水》思维导图

在引导学生感受船长的思维过程时，也可以运用思维导图的助学策略。文中船长就说了一句话"向海里跳！不然我就开枪了！一！二！"让学生通过这一句话来体会船长的思维显然是有困难的，学习中可以让学生借助思维导图来展开，如图 5-7 所示，"向海里跳！"船长背后的思维是：孩子随时可能掉下来，摔在甲板上，后果不堪设想；当时海面风平浪静，并且水手们都在甲板上，可以随时救人。"不然我就开枪了！一！二！"船长背后的思维是：船长手里正好拿着一支准备打海鸥的枪；孩子随时都有可能因为迟疑、害怕而摔落发生危险，只有主动跳海，才是安全的，于是船长拿枪逼孩子，迅速跳海。当然这样的危急关头，船长是不可能这样一步一步精心思考和推理的，但这是他作为船长经验丰富的表现，也是他在危急关头思维敏捷、处事果断这一优秀品质的表现。

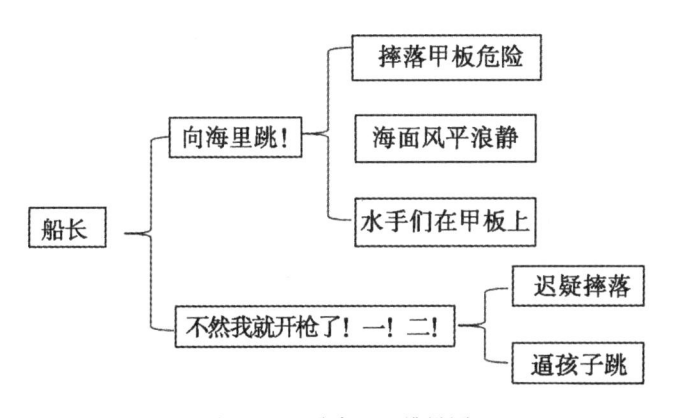

图 5-7 《跳水》思维导图

思维导图在统编教材中的出现，以及思维导图作为思维工具成为助学策略，都说明了它的重要价值。在教学中，教师不仅要充分发挥其对学生思维训练的作用，也要让它成为学生重要的学习策略。

二、图示助学策略

小学生还处在形象思维阶段，在学习过程中采用文字与图形相结合的图示方式，把相关的学习内容表达出来，既可以提高学生对文本的理解，又可以提升学生的逻辑思维能力。本文所指的图示主要指鱼骨图、流程图、结构图、示意图等，表格和思维导图不包含在内。

（一）鱼骨图，整合关联信息

鱼骨图，顾名思义为"长得像鱼的骨架，头尾间用粗线连接，如脊椎骨一样，两侧对应排列鱼刺"的一种形象的图示。它是一种思维工具，最大的优势就是在呈现情节发展的同时，便于理清文本相关信息之间的对应关系，层次分明、条理清楚，有利于促进学生学习。

例如，统编小学语文教科书三年级下册民间故事《漏》，语文要素是"了解故事的主要内容，复述故事"。本文最大的特点是整个故事设置了多处的"巧合点"，这些"巧合点"既是故事推进的关键点，又是聚合"老虎"与"贼"情节的对应点，老虎与贼是一一对应进行描写的。教学中，教师可以以故事中的"巧合点"为主轴，两侧分别对应表述贼与老虎动作与行为的词句，引导学生绘制鱼骨图（如图 5-8 所示），这样学生既可以清晰地理清故事发展的顺序，还能为复述故事做好铺垫。

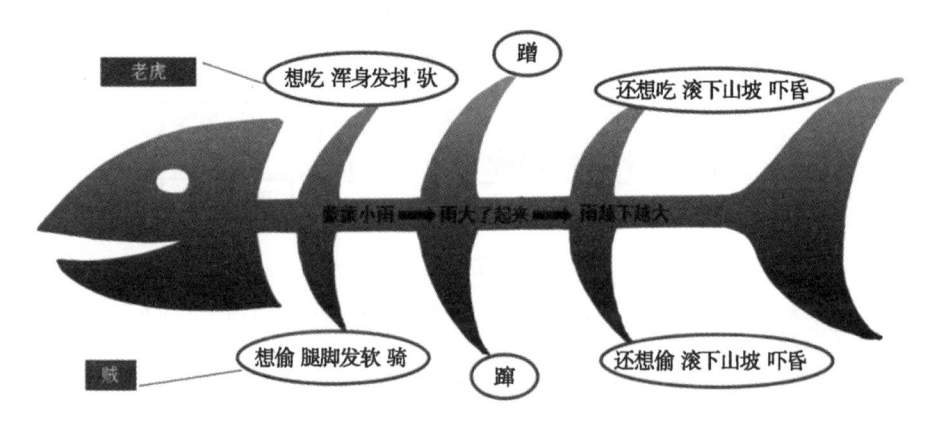

图 5-8 《漏》的鱼骨图思维导图

选择这样的鱼骨图作为学习的助学策略，既可以涵盖这则民间故事的行文线索、故事特点以及篇章架构，还可以形象、直观地帮助学生建构故事情境，清晰复述，抓住文章对应特点，不遗漏关键环节。

再如，统编小学语文教科书四年级上册《西门豹治邺》一文，语文要素为"了解故事情节，简要复述"。教学时可以利用鱼骨图的助学策略，引导学生针对"西门豹治理邺县"这一问题，绘制鱼骨图（如图 5-9 所示),理清故事发展的脉络,并提取出"西门豹发现的问题"与"相应的对策"一一对应的关系。

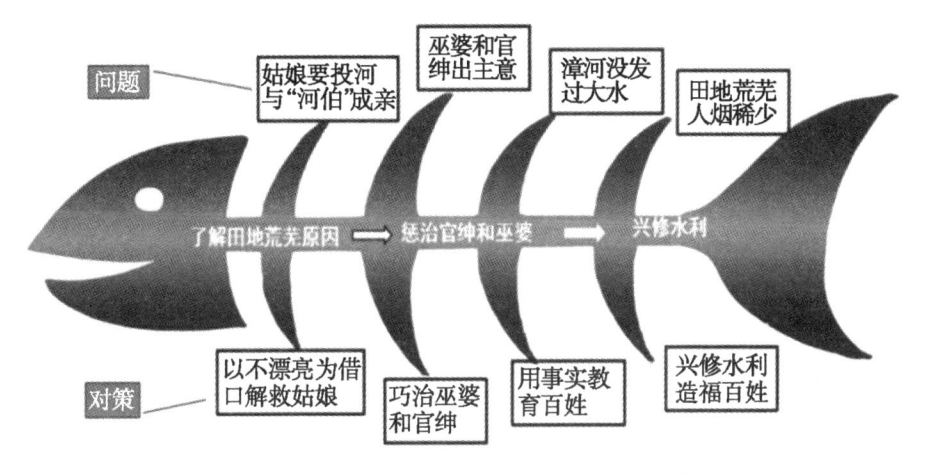

图 5-9 《西门豹治邺》鱼骨图思维导图

绘制鱼骨图,在"脊椎骨"上按照事情的发展顺序"了解田地荒芜原因—惩治官绅和巫婆—兴修水利"理清故事发展脉络,然后在两侧一一对应写出问题与对策,这样学生简要复述故事时就有了清晰的支架。

(二)流程图,理清发展脉络

流程图,一般用来反映事物发展的先后顺序、因果关系。流程图相对来说比较简单,功能也比较单一,绘制流程图的目的主要是理清事件前后发展顺序。流程图更适合高年级学生阅读篇幅比较长的文本或者是整本书阅读时使用。因为长篇文本或整本书故事内容情节宏大,故事时间或空间跨度比较大,阅读时往往会出现遗忘前面情节的现象。在这种情况下,采用绘制流程图的方式进行助学,能使得故事情节发展顺序清晰而不混乱,故事情节推进有序而不颠倒。在教学实践中流程图可以按照时间的发展顺序绘制,也可以按照事件的发展顺序绘制,还可以按照游览顺序绘制,等等。

例如,统编小学语文教科书三年级上册《美丽的小兴安岭》和五年级上册《四季之美》等课文都是按照四季的变化顺序来写,教学时就可以引导学生按照时间变化来绘制流程图，达到理清课文内容的学习目标。《美丽的小兴安岭》按照"春天树木抽出新的枝条—夏天树木长得葱葱茏茏—秋天落叶在林间飞舞—冬天树上积满了白雪"来绘制流程图；《四季之美》按照"春天最美是黎明—夏天最美是夜晚—秋天最美是黄昏—冬天最美是早晨"来绘制流程图。这样文章的表达脉络就十分清晰地呈现了出来，便于学生对文章整体内容的把握和理解。

再如，统编小学语文教科书五年级下册《跳水》是按照事件发展顺序成文的经典文本，在教学时就可以引导学生按照事情的发展顺序来绘制流程图，理清课文顺序。著名特级教师靳家彦老师执教《跳水》一文就把握住了文本特点，引导学生按照故事的发展顺序进行学习，最后呈现出如图 5-10 的板书。

```
   取乐      逗       走上      命令
水手    猴子    孩子    船长    孩子
   放肆     追       吓呆      水手
   起因     发展     高潮      结果
```

图 5-10　《跳水》板书

这一篇课文成为靳老师经典的教学案例，其最成功的一点就体现在充分利用文本特点按照故事发展的顺序，从人物、事件、脉络等方面进行归纳，使学生对事情的发展顺序一目了然，非常容易理清文章的段落。尽管已经过去多年，这样经典的教学片段，依然对我们的教学有深刻的启发意义。

还如，统编小学语文教科书四年级下册《记金华的双龙洞》，是一篇经典的游记。该篇课文所在单元的语文要素为"了解课文按照一定的顺序写景物的方法"，那么学习本篇课文就可以引导学生从游览顺序绘制流程图。这也正好与课后练习题第一题：理清作者游双龙洞的顺序，再把下面

"路上—（洞口）—（外洞）—（孔隙）—（内洞）—出洞"的路线图补充完整的要求相吻合。这样的策略还可以迁移到习作中，学生为"描写一处景点"，可以先设定好路线，画出流程图，这也就相当于列出了习作的提纲，在此基础上进行详细描写，行文思路便会更加清晰。

（三）示意图，形象呈现思路

示意图与流程图具有相同的功能，在学习过程中主要目的也是理清顺序。两者的区别在于示意图相对于流程图来说，更加得形象生动，示意性更强。示意图与流程图相比较，更适合低年级学生。这一特点在统编教材中也有具体体现，在二年级下册《蜘蛛开店》一文的课后题中，就提出了"根据示意图讲一讲这个故事"的要求。该示意图提示了蜘蛛开店售卖的物品以及与顾客的联系，学生抓住这样的顺序讲故事，比较容易理清顺序、把握层次。

如，三年级上册《在牛肚子里旅行》，是一篇童话。该文章在课后练习第三题中提出"红头的旅行真是惊险，画出它在牛肚子里旅行的路线图，再把这个故事讲给别人听"。在学习过程中，教师就可以在学生读文章的基础上，引导学生画红头的旅行路线示意图"牛嘴里—第一个胃—第二个胃—牛嘴里—喷出来"，然后根据示意图讲故事，完成学习任务。

教学实践中，教师还会遇到一种递进关系或者是阶梯式关系的文章，这样的示意图也可以成为阶梯式示意图。统编教材五年级上册第八单元最后一篇课文《我的"长生果"》是一篇略读课文。文章中作者描述了最早的时候，喜欢阅读"香烟人"小画片，读得津津有味；后来，她觉得不过瘾，开始阅读连环画，读得如醉如痴、废寝忘食；渐渐地，作者喜欢上了文艺书籍，因为被情节吸引，读的时候对故事中的人物命运牵肠挂肚；后来她又迷上古今中外的大部头小说，整天为之着迷，如醉如痴。在作者这一读书的过程中，无论是读物类型，还是阅读的感受，都呈现出阶梯上升的样态，此时采用阶梯式的示意图，既符合内容的需要，也符合文本情境。

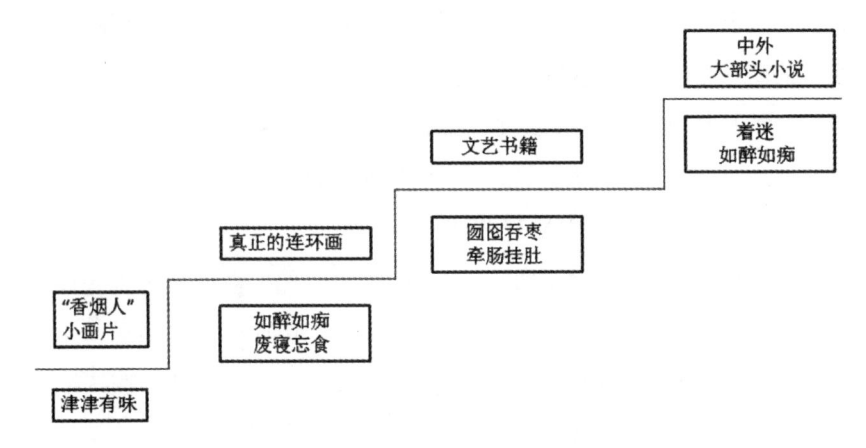

图 5-11 《我的"长生果"》示意图

(四) 气泡图，表达结构层次

气泡图是一种常见的图示，中间大圆为文章中心或主题，周围的小圆为围绕中心描述的内容，这种图示可以帮助学生理清文章结构或者是段落结构，理解文章或者段落是如何围绕一个中心，从几个方面分别进行叙述的。气泡图强调的是发散思维，大圆与小圆的关系是中心与部分的关系；小圆与小圆之间则是平行关系，隶属于同一个层级。

例如，统编小学语文教科书三年级上册《富饶的西沙群岛》一段对鱼的描写就可以绘制出如图 5-12 的气泡图：

图 5-12 "鱼群"气泡图

这一气泡图让学生清晰地看到了本段是如何围绕一个中心句，从几个方面写清楚一个意思的，段落的表达思路十分清晰。同时，还可以利用这种方法进行迁移学习其他的段落。关于描写珊瑚的一段，大圆内写上"珊瑚好看极了"，分支的小圆就可以写上"像绽开的花朵""像分支的鹿角"等，学生可以想象珊瑚的其他样子进行填写，如图5-13所示。最后，可以根据气泡图，完成"如何围绕一个意思写具体"的语言训练。教师给出一个开头"海底的岩石上生长着各种各样的珊瑚，好看极了"。学生用上"有的……有的……还有的……"这样的句式完成一段总分结构的话。

图5-13　"珊瑚"气泡图

气泡图与树形图表达的意思相同，重点就是理清文章或段落的结构，例如，统编小学语文教科书五年级下册《手指》一课，如果绘制气泡图，中心的大圆为"五根手指，各有所长，各有所短"，围绕大圆第一层级的五个小圆就应该分别填写"大拇指""食指""中指""无名指""小指"，如果气泡图画到这个层级，对于五年级的学生来说是没有思维含量的学习。本文的学习重点在于品味作者语言的幽默，而不是简单的信息分类。这就需要绘制气泡图的第二层级，对于每一种手指的描写，作者都是先描述外形，再说明特点，最后举例。但这样的一个气泡图仅限于段落表述的内容结构，品味不到语言的风趣与幽默。

由此可知，虽然气泡图也可以呈现不同层级的分支，但是第二层气泡只是表示了文章有关内容的层级逻辑关系，第二层气泡之间的关系相对独立，则不利于比较学习。因此，气泡图一般使用于中低年级阶段，对于高年级内容较为复杂的文章不太适合。

（五）结构图，分类表达层级

结构图又称为框架图，这种图示既能清晰地表明各层级的关系，又能够清晰地表达各种分类关系。

例如，统编教材三年级下册《我们奇妙的世界》一文作者通过描绘天地中的各种事物，展现了世界之奇、之美。文章篇幅较长，从天空和大地两方面写出世界的奇妙，描写景物较多。文章两个部分都有一个总起句"你看天空的珍藏——"和"再看大地的珍藏——"，两个部分分别描写了不同的事物，第一部分是按照一天的时间推移来写，第二部分则是按照一年四季的更替顺序来写。学习本课是为了解决因文章描写景物多而逻辑混乱、事物混淆的真实困境，让理清事物的几个方面的教学始终与文本、情境和任务紧密结合，故采用结构图的方式形成语文要素落地的有力抓手，如图 5-14 所示。

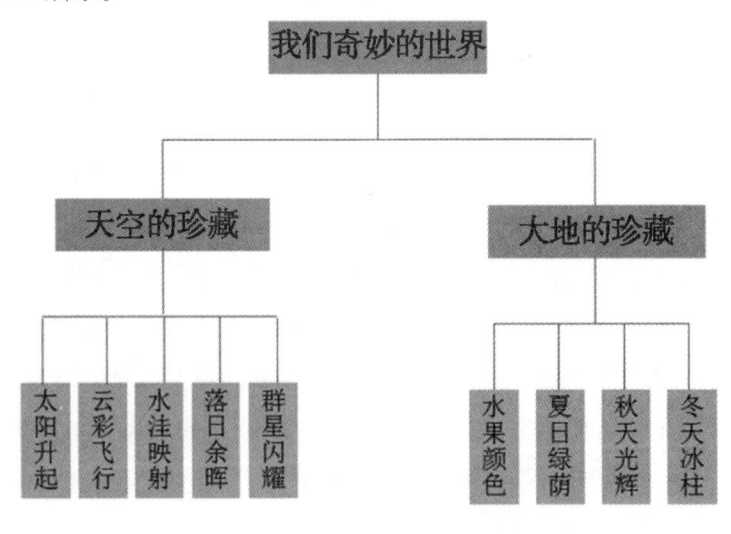

图 5-14 《我们奇妙的世界》结构图

由此可以看出，采用结构图首先能够梳理文本的逻辑层级，其次能够分类提取信息，在理解文本的同时提升了学生的阅读能力。

（六）情节图，指向创新思维

情节图适合故事性特别强的文章，尤其适合低年级学生利用情节图帮助理解文章内容，读懂文章。例如，统编教材一年级上册《小蜗牛》是第一篇全文不注音的课文，为了能够让学生读懂课文，编者采用连环画的方式植入了情景图，让文章图文并茂，有效降低了学生理解的难度。一年级下册《咕咚》和《小壁虎借尾巴》两篇课文同样采用了连环画的方式植入情境图，以帮助学生理解文本，增强故事的趣味性。

而对于高年级学生，情境图设置的目的是语言文字理解之后的再创造，属于学生高阶思维的训练。统编教材五年级下册第三单元是民间故事单元，选编了民间故事《牛郎织女》，分为精读和略读两篇文章呈现。略读课文中编者提出"如果给《牛郎织女》绘制连环画，你打算画哪些内容，每幅图画配什么文字"。该单元的语文要素为"了解课文内容，创造性地复述故事"。创造性复述是小学阶段关于复述的最高要求，旨在让学生把故事讲得生动有趣，更重要的是在符合故事情节的情况下发展

图 5-15 《牛郎织女》情节图

创造性思维，培养丰富的想象力。如果要把语文要素的落实与编者提出的绘制连环画结合起来，绘制情境图的方式是最佳的选择，如图5-15所示。首先绘制情境图的过程就是理解文本，个别情节需要进行创造性的绘制，这是创造性思维发展的一次提升。然后再利用其情境图进行复述，对于创造性的情境图重点复述，则是又一次思维的发展。

三、表格助学策略

表格是学习中经常用到的一种策略，它具有容量大、高度概括、形象直观的特点，具有归纳、展示、比较等多种功能。表格行列分明、纵横交错，按顺序设计便可突出文本的思路。每一框格，可涉及一个内容，目标具体、要点明确。表格形式紧凑，语言简洁明了。一个完整的表格，其实就是一个知识的框架，其中的重难点也会一目了然。表格的以上特点，决定了它在语文学习中可以更好地帮助学生提取文章的信息、概括文章、理清文章脉络。所以在语文教学中，应该合理利用表格引导学生学习，再现知识体系，既可以锻炼学生思维的条理性，又能提高学生的概括能力，最终指向提升阅读素养的目的。

（一）借助表格，梳理内容

表格最本质的作用就是统计，它便于将零散的信息进行整合，并能够做到直观清晰地呈现。语文学习中利用表格的这一特点，可以帮助学生进行文本信息的统计与梳理。提取信息是学生阅读能力最重要的一项，学生通过信息的提取，可以做到对内容的进一步梳理。但是在信息提取过程中，学生往往会出现遗漏的现象，借助表格进行文本信息的提取、内容的梳理，能够做到不遗漏、不混淆。

如，统编教材二年级下册的《蜘蛛开店》一文，课后练习题要求根据示意图讲故事，示意图给出的信息较少，对部分学生来说存在一定困难，学生看完一遍只能说出这个故事讲述的是，蜘蛛开了三次店最终逃跑的故事。大部分学生无法达到讲述具体的故事情节的目标。这篇文章先后介绍了主人公蜘蛛三次开店的过程，这三次过程作者采用了反复结构来讲述，这是童话的特点。所以在教学中，笔者将这些反复结构中的关键线索进行分类，然后以下列表格的形式提供给学生（见下表 5-2）。

表 5-2 《蜘蛛开店》信息表

主人公	招牌	顾客及特点	发生的事情	结果
蜘蛛	口罩	河马，嘴巴大	为河马织口罩，它的嘴巴太大了，织了一整天	好难织，换招牌
蜘蛛	围巾	长颈鹿，脖子长	为长颈鹿织围巾，它的脖子太长了，织了一个星期	好难织，换招牌
蜘蛛	袜子	蜈蚣，脚多	蜈蚣脚太多了，没有织袜子	吓得跑回网上

设计这张表格的关键因素就是把这类文本的特点发挥出来。表格的内容是学生在文章里很容易就可以找到的，那么学生就会主动地学习，达成充分调动学生学习积极性的目的。填写表格内容是对学生提取信息的训练，这些信息的填写过程其实是学生有意识地记忆这些关键信息的过程。在表格填写完成后，学生利用这样一个表格，按照表格的每一行进行讲述，就会做到条理清楚、内容完整，这便完成了讲述童话故事的学习目标。

运用表格可以帮助学生复述故事，这种方法在教材中有所渗透。统编教材二年级下册《羿射九日》课后练习第二题要求"根据表格里的内容，讲一讲这个故事"，编者按照起因、经过和结果的顺序绘制了表格。学生利用这个表格来讲故事，既可以做到按顺序讲述，又可以借助每个环节中表格中给出的提示，为学生讲故事搭建了一个有力的支架，降低了讲故事的难度。

表格提取信息、梳理信息的功能，在中高年级的学习中运用更加广泛。统编教材四年级下册《宝葫芦的秘密（节选）》一文，课后第二题"奶奶给王葆讲了哪些故事？选一个，根据已有内容创编故事，讲给同学听"。这样一个题目首先要求我们从课文中提取奶奶给王葆讲了哪些故事，在所讲故事中已有的内容有哪些，创编故事的突破点在哪里，这些内容都需要了解之后，方能够做到在已有的基础上进行创编。利用列表的方式会清晰地对这一文本的学习内容做出梳理，如，第一列为人物，第二列为宝葫芦的来历，第三列是他们得到宝葫芦共同的变化，第四列是他们所得宝葫芦的神奇功能，最后一列是他们都过上好日子（见下表5-3）。

表5-3 《宝葫芦的秘密（节选）》信息表

人物	怎样得到宝葫芦	不管张三也好，李四也好，一得到了这个宝葫芦，可就幸福极了，要什么有什么	宝葫芦的神奇功能	后来呢？
张三	劈面撞见神仙得到一个宝葫芦		张三要吃水蜜桃，立刻就有了一盘水蜜桃	后来不用说，他们都过上了好日子
李四	远足游龙宫，得到一个宝葫芦		李四希望有一条大花狗，马上就冒出了那么一条——冲着他摇尾巴，舔他的手	
王五	肯让奶奶给他换衣服，得到一个宝葫芦			
赵六	掘地掘出来一个宝葫芦			

学生通过表格既梳理清楚了奶奶所讲的故事内容，又了解了已有的内容。在梳理填写的过程中，表格的空白处自然就成了学生创编故事的切入点。如，学生可以在已有的内容上进行创编王五与赵六宝葫芦的神奇。这一表格的运用既帮助学生梳理了内容，又为后面在已有的内容上创编故事做好了铺垫。

（二）借助表格，对比阅读

表格另一个显著特点就是能够形象直观地进行信息之间的比较，这一特点决定了它在比较阅读方面具有不可替代的作用。比较阅读是研究性阅读，是将两种或多种学习材料对照阅读，可以通过联结、对比、想象，运用分析、概括、综合等方法，分析其中的相同点和不同点的阅读方法。比较阅读必然离不开表格，它将以分类的形式从不同维度进行比较，清晰地呈现事物之间的异同。

比较阅读的实质是探究性学习，体现了思维的过程。这一特点在统编教材中有所体现。统编教材四年级下册第四单元以"作家笔下的动物"为主题，编排了老舍的《猫》《母鸡》和丰子恺的《白鹅》三篇课文。在《猫》和《白鹅》两篇课文后面分别设置了"阅读链接"，《猫》一课链接了夏丏尊和周而复描写猫的片段，要求体会作家是如何表达对猫的喜爱；《白鹅》一课后面链接了俄国作家叶·诺索夫的《白公鹅》，要求说说两位作家笔下的鹅有什么共同点，体会两篇文章表达上的相似之处。本单元的语文要素为"体会作者是如何表达对动物的感情的"，因此阅读链接就承载了"与原文进行对比，进而体会作家对动物感情不同的表达方式"的学习任务。不仅如此，《母鸡》一篇课文的课后练习题明确提出了"《猫》和《母鸡》都是老舍先生的作品，比一比，说说两篇课文在表达上有哪些相同和不同之处"这样的学习要求。从语文要素和相关的学习要求来看，通过比较体会作者情感的不同表达方式是本单元的重点。

在本单元的学习中，教师可以引导学生根据学习的需要设置不同维度的比较。例如，比较老舍、夏丏尊、周而复笔下的猫，体会作家不同的语言特色和表达方式，这是同中求异。老舍先生采用"说他老实吧，的确是呀"等口语化的语言风格，运用"在稿纸上踩印上几朵小梅花"生活中的场景和"非得把老鼠等出来不可"这样具体事例；使用"猫的性格实在有些古怪"这种明贬实褒的方式；应用"成天睡大觉，无忧无虑，什么事也不过问"这样拟人的描写把猫当成自己的家人一般，表达了对猫的喜爱之情。夏丏尊先生则采用了各类人对猫的评价和态度，表达了对猫的喜爱之情。周而复先生则通过对猫的外貌、神情和动作的描写，运用"一身白毛像雪似的""两颗小电灯泡似的眼睛""几根鱼骨头似的白须"等生动的语言，表达出对猫的喜爱之情。尽管三位作家都表达对猫的喜爱，但是各自独特的风格在表格的对比之下却显而易见（见下表5-4）。

表5-4　不同作者笔下的猫

动物	作家	情感	表达方式及语言特色	比较点
猫	老舍	喜爱	明贬实褒，生活场景，语言平实口语化	感情相同 表达不同
	夏丏尊		直接和间接描写	
	周而复		细致描写外形、动作，语言生动，辞藻华丽	

在比较《白鹅》和《白公鹅》时可以异中求同，在比较中发现表达规律。两位作家都描写鹅的姿态、叫声和吃相各不相同，一位称白鹅为"鹅老爷"，一位称白鹅为"海上将军"，称呼不同。但是，两位作家笔下的白鹅都十分高傲，篇章结构、表达方法和语言风格也都有着相似之处，见下表5-5。

表5-5　《白鹅》与《白公鹅》异同

课文	作家	作家笔下鹅的特点				表达上的相似之处
		称为	姿态	叫声	吃相	
白鹅	丰子恺	鹅老爷	大模大样、高傲	引吭大叫	三眼一板、一丝不苟、从容不迫、架子十足	篇章结构：总分式；描写方法：明贬实褒
白公鹅	叶·诺索夫	海上将军	慢条斯理、高傲	大声叫唤	从从容容不紧不慢	

在本单元的学习中，教师也可以根据需要对三篇文章进行比较。在《猫》中，体会作家对动物的喜爱，在《母鸡》中体会作家对待同一事物前后感情的变化，在《白鹅》中体会作者语言的风趣幽默。

比较是更深层次的理解。利用表格直观呈现信息，有利于促进学生理解，能有效达成提升能力、拓展思维的目标。

（三）借助表格，统整单元

表格具有容量大、高度概括的特点，这一特点适合单元整体教学。随着统编教材的使用，语文要素统领下的"单元整组教学"逐渐走进了语文教学领域。每个单元由几篇课文组成，分别承载语文要素落地的任务。如果采用单篇推进时容易将要素与能力肢解，不利于学生语文素养的形成。这样的教学更适合以大概念为统领从单元的整体构建，以单元为整体推进教学。在构建单元整体教学时，表格就可以发挥容量大、高度概括的特点，既可以建构起整个单元的骨架，形成有条理的知识网络，又能将各种知识分布在表格中，条理分明、突出要点，便于总体把握；单元内的课文势必会有好多相同的思想点、情感点、知识点和能力点。利用表格便于统计比较的特点，又可以对每篇文章的相关信息进行异同比较，在比较阅读中提升学生的阅读能力。

例如，统编小学语文教科书三年级下册第四单元语文要素为"观察事物的变化，把实验过程写清楚"，本单元编排精读课文《花钟》《蜜蜂》和略读课文《小虾》三篇课文，后面的语文园地安排的习作为"我做了一项小实验"。如果该单元以"观察事物的变化，把实验过程写清楚"为大概念，进行单元整组教学设计，就可以利用表格分以下几步进行项目化学习。

学习任务一：细读《花钟》《蜜蜂》《小虾》，填写下表，说说作者为什么能将花、蜜蜂、小虾的变化描写得如此准确生动？用了哪些观察与描写方法？

课文	观察对象	观察事物特点	所用观察方法	文章描写方法
花钟				
蜜蜂				
小虾				

学习任务二：细读《蜜蜂》，填写下表，并说说法布尔是如何实验的，又是如何描写实验过程、观察发现及其心情想法的。

实验目的	实验准备	实验步骤	实验结论	观察方法	心情想法	有趣发现

学习任务三：课余时间，动手做一项小实验，观察记录，填写下面的小实验报告；再说一说小实验的过程与发现。

实验名称		
实验准备		
实验步骤	第一步	
	第二步	
	第三步	
	……	
发现变化		
实验结论		

学习任务四：写一写自己的实验过程、心情及实验中的神奇发现；写完后与同学交换读一读，评一评是否将实验过程、情境及神奇发现写清楚了。

通过这样几个环节的设计，实现了利用表格进行学习、运用、迁移、拓展的功能，将任务、目标等整合成为了一个完整的项目学习。在学习任务一中，通过表格引导学生进行比较阅读，在不同文本异同的比较中，领悟了作者观察与表达事物变化方法的同与异；在学习任务二中，在仔细读课文的基础上，利用表格提取实验与观察信息，阐释法布尔用蜜蜂做实验的过程，理清了作者是如何实验、如何叙述描写实验过程、观察发现的；在学习任务三中，利用表格梳理自己做一项小实验的过程，表格清晰地记录了整个实验过程，为清楚描写实验打好了基础。教学中有了这张表格，学生在写作时就相当于有了一个切实具体可实践的提纲。

该单元以语文要素为大概念，开展真实任务情境下的项目化学习，利用不同类型的表格进行了整合、比较，深化了单元整体学习过程，提升了学生的语文能力与素养。

（四）借助表格，迁移读写

表格除了具有整合信息能力、分类比较的特点之外，还具有延展性和生发性，它的这一特点在语文学习中可以达到迁移拓展的作用。

例如，统编小学语文教科书四年级上册《麻雀》一文，所承担的任务是"了解作者是怎样把事情写清楚的"。写清楚这一语文要素在本课中要实现从抽象的陈述性知识向具体可操作性的程序性知识转化，本课的写清楚体现在三个方面：一是按照顺序写清楚事件，二是按照阶段写清楚过程，三是利用听、看、想写清楚老麻雀"无畏"的特点。本文就写清楚后两个方面在教学中采用了表格发展性的特点，取得了较好的效果。

利用表格属性引导学生学会分阶段写清楚事件过程的方法。教学中把课文描写老麻雀保护小麻雀过程利用表格的方式分解为五个相互关联的阶段，学生采用提取关键词或概括的方式分解环节（见下表5-6）。

表5-6　老麻雀保护小麻雀（一）

有机完整的阶段				
猎狗慢慢地走近小麻雀，嗅了嗅，张开大嘴，露出锋利的牙齿	突然，一只老麻雀从一棵树上扑下来，像一块石头似的落在猎狗面前。它扎煞起全身的羽毛，绝望地尖叫着	老麻雀用自己的身躯掩护着小麻雀，想拯救自己的幼儿。可是因为紧张，它浑身发抖了，发出嘶哑的声音，准备着一场搏斗	在它看来，猎狗是个多么庞大的怪物啊！可是它不能安然地站在高高的没有危险的树枝上，一种强大的力量使它飞了下来	猎狗愣住了，它可能没料到老麻雀会有这么大的勇气，慢慢地，慢慢地向后退

续表

有机完整的阶段				
猎狗露出锋利的牙齿				

表格这一部分重在为学生分解老麻雀保护小麻雀这一过程的阶段，在训练概括能力的同时学习写清楚过程的方法：猎狗露出锋利的牙齿—老麻雀绝望地尖叫—老麻雀浑身发抖—老麻雀勇敢无畏—猎狗被吓退。接下来学生掌握了分阶段写清楚过程的方法后，就可以利用表格的延展性，让学生进行迁移训练，进而写清楚"老鹰抓小鸡"的过程，可以让学生对视频过程进行分解，将它写成几个阶段（见下表5-7）。

表 5-7　老麻雀保护小麻雀（二）

有机完整的阶段				
猎狗慢慢地走近小麻雀，嗅了嗅，张开大嘴，露出锋利的牙齿	突然，一只老麻雀从一棵树上扑下来，像一块石头似的落在猎狗面前。它扎煞起全身的羽毛，绝望地尖叫着	老麻雀用自己的身躯掩护着小麻雀，想拯救自己的幼儿。可是因为紧张，它浑身发抖了，发出嘶哑的声音，准备着一场搏斗	在它看来，猎狗是个多么庞大的怪物啊！可是它不能安然地站在高高的没有危险的树枝上，一种强大的力量使它飞了下来	猎狗愣住了，它可能没料到老麻雀会有这么大的勇气，慢慢地，慢慢地向后退
猎狗露出锋利的牙齿	老麻雀绝望地尖叫着	老麻雀浑身发抖	英勇无畏	猎狗被吓退
老鹰扑向小鸡	母鸡迅速冲上去	母鸡猛烈地啄老鹰的头	勇敢无惧	老鹰吓呆了

学生从老麻雀保护小麻雀的过程中学会了分阶段写过程的方法，把母鸡保护小鸡的过程也进行了分阶段：老鹰扑向小鸡—母鸡迅速冲上去—母

鸡猛烈地啄老鹰的头—母鸡勇敢无惧—老鹰吓呆了。学生对这一过程的分解是对"如何将一件事情的过程写清楚"方法的成功迁移，利用的就是表格的延展性这一特点。

接下来是引导学生学习作者是如何把老麻雀的"无畏"写清楚的，学生利用表格分类的特点把描写老麻雀英勇无畏的词语和句子进行了分类，发现在这些词句中既有对老麻雀动作的描写，也有声音的描写，还有作者产生的联想或想象。于是，学生自己明白了作者就是通过"看到的、听到的、想到的"写清楚老麻雀的无畏。在此基础上，引导学生进行第二次迁移学习，让表格再一次发挥延展性的作用，把老鹰捉小鸡的每个阶段写清楚（见下表5-8）。

表5-8 老麻雀保护小麻雀（三）

有机完整的阶段				
猎狗慢慢地走近小麻雀，嗅了嗅，张开大嘴，露出锋利的牙齿	突然，一只老麻雀从一棵树上扑下来，像一块石头似的落在猎狗面前。它扎煞起全身的羽毛，绝望地尖叫着	老麻雀用自己的身躯掩护着小麻雀，想拯救自己的幼儿。可是因为紧张，它浑身发抖了，发出嘶哑的声音，准备着一场搏斗	在它看来，猎狗是个多么庞大的怪物啊！可是它不能安然地站在高高的没有危险的树枝上，一种强大的力量使它飞了下来	猎狗愣住了，它可能没料到老麻雀会有这么大的勇气，慢慢地，慢慢地向后退
猎狗露出锋利的牙齿	老麻雀绝望地尖叫着	老麻雀浑身发抖	英勇无畏	猎狗被吓退
老鹰扑向小鸡	母鸡迅速冲上去	母鸡猛烈地啄老鹰的头	勇敢无惧	老鹰吓呆了

续表

有机完整的阶段				
老鹰从空中俯冲下来,直接扑向了鸡群	老母鸡反应过来之后,迅速地冲了上去。它扎煞起全身的羽毛,就像一个盾牌护住身后的小鸡,嘴里发出咯咯的尖叫声,仿佛在说离我的孩子远点	老母鸡主动出击,用它尖尖的嘴巴,狠狠地朝着老鹰的头啄去,它凶猛地如同一头发怒的豹子	无论是谁,只要危及到孩子的安全,它都会不顾一切地冲上去,那种力量来自对孩子的爱	老鹰被母鸡逼到了石缝里,吓呆了

这一教学过程利用了表格的延展性,通过两次发展,进行了两次迁移学习,最终达成了读写结合的最佳效果。本文是习作单元的例文,编者安排的意图就是帮助学生从例文中学习习作方法。在本节课中,表格作为"学"与"习"的助学策略,成功搭建了读写融通的桥梁,将例文的作用发挥得淋漓尽致。

表格设计的初衷都是为了把复杂的问题简单化,方便学生学习,是学习语文的一种助学策略,教学中可根据实际情况采用。表格的形式也非常多,中低年级可以由教师先制作然后交给学生根据课文内容去填写。到了高年级,教师则可以更多地把表格设计的任务交给学生,让学生学会用表格帮助自己理解课文,提高学习质量和效率。教师可以在日常的教学中有意地使用表格,将零散的信息进行整合归纳,从而提高学生综合运用信息的能力。

四、资料助学策略

搜集资料、梳理信息，通过相关资料来突破学习中的重难点，这是学生的一种学习能力。教师在教学中要注重积极开发与合理利用课程资源，引导学生初步具备搜集信息和处理信息的能力，让学生在搜集资料和运用资料的过程中提升语文素养。教学实践中，教师补充资料的方法是帮助学生学习最常用的助学策略之一。关于这一点，统编小学语文教科书在教材编排理念上也有充分的体现：五年级上册第四单元的语文要素为"结合资料，体会课文表达的思想感情"；六年级下册第四单元的语文要素为"查阅相关资料，加深对课文的理解"。资料助学既是一种助学策略，也是学生应该具有的一种能力。在教学中教师要把握住"助"的原则，守住"学"的本质，在最合宜的学习时机，提供最有学习价值的资料，以达成促进学习的目标。

（一）革命传统类文章助学资料的使用

统编小学语文教科书所选编的革命传统类课文占了相当大的比例，这一类课文既是革命文化的历史写实，又是革命文化艺术的凝练和表达，承载着革命传统教育落地的教学价值，有着特殊的育人价值，是不可或缺的内容。但是，这一类课文具有特殊的时代印记，距离学生当前的生活实际较远，文章内容极具陌生感，甚至是因为时代的变迁，价值观念的转变等原因对学生在内容理解和情感认识上产生了较大的障碍。据统计统编小学语文教科书共编排了 34 篇革命传统类文章，这些内容占整套教材选文篇目的 10.67%（具体篇目见表 5-9）。

表 5-9 统编教材革命传统类课文分布

册次	单元	课文	册次	单元	课文
一下	一	《吃水不忘挖井人》	二上	六	《朱德的扁担》《难忘的泼水节》

续表

册次	单元	课文	册次	单元	课文
二下	一	《邓小平爷爷植树》	三上	一	《不懂就要问》
	二	《雷锋叔叔，你在哪里》		八	《灰雀》《手术台就是阵地》
三下	六	《我不能失信》	四上	七	《为中华之崛起而读书》《梅兰芳蓄须》《延安，我把你追寻》
四下	六	《小英雄雨来（节选）》	五上	四	《古诗三首》《少年中国说》《圆明园的毁灭》《小岛》
	七	《黄继光》			
五下	四	《古诗三首》《青山处处埋忠骨》《军神》《清贫》	六上	二	《七律·长征》《狼牙山五壮士》《开国大典》《灯光》
六下	四	《古诗三首》《十六年前的回忆》《为人民服务》《金色的鱼钩》

这些文章的学习难点就是如何拉近时空的距离，打破时空的阻隔，帮助学生与文本展开有效的对话，以达到理解内容，体会课文感情，有效解决阅读学习中存在的"虚而不实"的现象。解决这样的问题就需要借助资料展开学习，常用的资料助学有以下几种。

一是借助影视资料，还原历史背景。历经岁月的淘洗，很多革命传统类作品都被排成了红色经典电影，如《小英雄雨来》《开国大典》等，这些影视资料都是语文课堂上难得的素材资源。这些经典的片段能够快速地还原历史，迅速地将学生带入情境之中，在缩短时空距离的同时，降低了学习难度。例如，统编语文教科书五年级上册《圆明园的毁灭》一文，开篇就写到圆明园的毁灭是中国文化史上不可估量的损失，也是世界文化史上不可估量的损失！究竟一座什么样的园子毁灭可以称得上是世界文化历史上不可估量的损失？英法联军为什么，又是怎样毁灭圆明园的？课文中运用大量的四字词语呈现了圆明园昔日的辉煌，文章又以短句的形式极具张力地展现了圆明园惨遭毁坏的景象。在课堂教学中，教师可以在学生充分阅读、交流、感悟的基础上播放纪录片《圆明园》，直观地把学生带入昔日圆明园如诗如画的情境中，紧接着以强烈的音画效果让学生感受到侵略者的野蛮暴行，对比之下，学生便能深刻体会到圆明园的毁灭是中国文化史上不可估量的损失，也是世界文化史上不可估量的损失，从而激发他们强烈的爱国情感。

　　二是借助互文勾连资料，化解疑难。革命性文章描写的事件都发生在特定的历史阶段，是特定的历史背景之下的艺术表达。然而，我们选入教材的文章大多是片段式的选编，这种脱离大背景下的文章，学生理解起来就无疑会出现困惑和疑难。如何解决这样的学习难题，在教学实践中我们可以充分利用互文勾连资料进行助学，这样可以帮助学生跳出"单篇"或者是"选编"的局限性，又可以达到与课文内容产生情感共鸣的效果，从而有效化解学习之中的疑难。例如，《延安，我把你追寻》课文中提到"南泥湾开荒""杨家岭讲话"等，学习这样的文章我们便需要阅读互文勾连的有关资料，只有从中感受到这些历史事件中的情感，才能解开作者把"延安"追寻的真正内涵——对延安精神的追寻。再如，《为人民服务》一文中毛泽东主席提到了"张思德同志"等，这些人物是谁，他们做了什么，他们身上具有什么样的品质，只有阅读相应的互文勾连资料，才能真正理解课文内容，不至于断章取义、见骥一毛。还如，统编教科书六年级上册第八单元安排了"鲁迅"主题文章，单元语文要素为"借助相关资料，理解课文内容"。其中课文《少年闰土》节选自鲁迅的短篇小说《故乡》。为了让学生对闰土这一人物形象认识更加深刻，可以采用互文资料阅读《故乡》的相关内容。《故乡》深刻概括了辛亥革命后十年间中国农村经济凋敝、农民生活日益贫困的现实，反映了那个时代的社会风貌。这一主旨显然是学生通过本课的学习领悟不到的，需要课外相关资料来推波助澜。"事实到底如何呢？看原文是怎么说的。"教师抓住这个教学契机，恰到好处地呈现《故乡》中有关成年闰土的片段和《故乡》的创作背景。

此时，少年闰土和成年闰土的鲜明对比给学生的认知形成了较大的冲击力，继而激起极大的情感波动。

三是借助拓展资料，深化情感。拓展资料与互文勾连资料不同，互文勾连资料是与文本交互融合的资料，起到相互理解的作用；而拓展资料则是一种铺垫或延伸，其目的是文章情感的延展深化。在拓展资料中首先要关注背景资料，通过阅读背景资料学生能够大致了解故事的来龙去脉，为理解课文内容做好铺垫。其次是要关注课后拓展资料，通过阅读拓展资料可以起到"认识再深化—思想再丰腴—感情再升华"的学习效果。例如，统编小学语文教科书四年级上册《为中华之崛起而读书》，学习课文时学生对"中华不振"一词的理解存在较大困难，学生不明白"中华不振"真正的含义。引导学生阅读这样一段背景资料：

1868年，上海的租界当局建了一个外滩公园。公园建成后，租界当局就派巡警在公园门口看守，不准中国人入内。一天，虹口医院的几位医生想进入公园游玩，却被巡警强硬阻挡，不准他们进入。为此，他们向上海的租界当局提出抗议。几天后，租界当局回了一封信，只见上面冷冷地写道："我们并不认为中国人有进入公园的权利"。许多中国人被激怒了，他们联名写信向租界当局提出抗议，反对洋人对中国人的歧视政策，但上海的租界当局根本不把中国人的抗议放在眼里，依然强硬地答复"不准备给予中国人这项权利"。没有多久，在上海外滩公园的门口，竟然挂出了这样一块刺目的牌子："华人与狗不准入内！"

通过这样一段真实的历史背景资料，同学们不难感受到当时国家的贫瘠衰弱以及所承受的巨大屈辱，再学课文时就能够感受为何周恩来心中会燃起熊熊的烈火，体会其为中华之崛起而读书的慷慨斗志和伟大理想。再如，统编小学语文教科书五年级下册第四单元，本单元以"责任"为人文主题，编排了《青山处处埋忠骨》《军神》《清贫》三篇革命传统类文章，同时在阅读链接中安排另一篇革命传统文章《丰碑》。三篇课文发生的历史背景不同，表现出的人物品质不同，当然他们身上的"责任"也不同。

《青山处处埋忠骨》发生在抗美援朝战争期间，这是中朝两国用生命和鲜血凝结成的友谊，多少可歌可泣的故事记叙了那段历史，学生拓展阅读抗美援朝的相关文章，那一段历史的友谊便会在他们心中升腾；如果拓展阅读伟人毛泽东的有关故事，那一代伟人的博大胸怀和伟大领袖精神便将被他们铭记内心，这便是拓展阅读资料助学所追求的目标。

（二）文言文及古典文学作品改写文助学资料的使用

小学课文中的文言文也称小古文，统编小学语文教科书从三年级开始选编了此类文体，这些古文短小精悍、浅近易懂、文质兼美、生动有趣。统编小学语文教科书共计选编小古文14篇，既有著名的历史人物故事，如三年级上册《司马光》、四年级上册《王戎不取道旁李》、四年级下册《囊萤夜读》，也有发人深省的寓言故事，如三年级下册《守株待兔》、五年级下册《自相矛盾》，还有神奇瑰丽的神话传说，如四年级上册《精卫填海》。十四篇小古文穿插在统编小学语文教科书的中高年级中，由浅入深、由易到难、层层递进，便于小学生古文理解能力、运用能力的梯级上升。

关于这一类文体的学习，语文要素中提到了"学会运用注解"来理解学习，这是一种重要的方法。另外，我们发现这一类的小古文其实都有白话文的小故事与之相对应，小古文体现的是语言文字的简洁之美，具有言简义丰、言简意赅的特点，而白话文文章则追求的是故事的趣味性。儿童容易读懂的是白话文，但白话文是由文言文演化而来的，两者之间血脉相通。小古文的学习采用"文白资料互助阅读"的助学策略，会有效地消除学生对文言文的陌生感和畏难情绪，由"白"识"文"，"文""白"互生，会取得较好的学习效果。例如，统编小学语文教科书四年级上册第四单元是"神话故事"单元，本单元编排了小古文《精卫填海》，学习本课时，教师可以先出示白话文，让学生对比阅读、通晓文意，进而感受精卫鸟百折不挠、顽强执着的精神品质。这样既避免了课堂上教师逐字逐句的枯燥讲解，还锻炼了学生自主学习、对比阅读的能力。在本单元中，还有两篇中华神话故事《盘古开天地》《女娲补天》，教师在这两课的教学过程中，也可以适时引入文言文版本，引导学生对比阅读，根据课文猜读小古文文意，达到文从字顺的程度即可。通过文白对比、文白互助的助学策略，学生能将文言文和白话文自主勾连起来，以今通古、以古猜今。这种借助资料学习的策略，不仅让小古文知识积淀得以丰厚，传统文化素养得以增强，迁移对比的学习能力也在潜移默化中得以提升，对日后学生自主探究文言文的学习奠定了能力基础。

除了文言文的学习适合"文白互助资料助学"的策略之外，古典文学作品改写的学习中也可渗透一二。统编小学语文教科书古典文学作品改写文大约有二十篇，有的改自中国民间故事，有的改自古代神话传说，有的改自传统民谣民歌，大多改自典籍记录的中国古典文学作品。期中明确出处的共有十五篇（见下表5-10）。

表5-10　统编教材古典文学作品改编统计

册次	改写文	出处
二上	《曹冲称象》	《三国志·魏书·邓艾王冲传》
	《坐井观天》	《庄子·秋水》
	语文园地五《刻舟求剑》	《吕氏春秋·察今》
	《大禹治水》	《史记·五帝本纪·夏本纪》
	《狐假虎威》	《战国策·楚策一》
二下	《亡羊补牢》	《战国策·楚策一》
	《揠苗助长》	《孟子·公孙丑上》
三下	《守株待兔》阅读链接《南辕北辙》	《战国策·魏策四》
	语文园地二"快乐读书吧"《叶公好龙》	《新序·杂事》
四上	《西门豹治邺》	《史记·滑稽列传》
	《扁鹊治病》	《韩非子·喻老》
	《纪昌学射》	《列子·汤问》
五上	《将相和》	《史记·廉颇蔺相如列传》

续表

册次	改写文	出处
五下	《草船借箭》	《三国演义》
	《田忌赛马》	《史记·孙子吴起列传》

其中，统编小学语文教科书五年级下册第二单元《草船借箭》是一篇改写文，这篇课文的课后练习题要求"读下面的阅读链接，找出课文中对应的段落"。阅读链接的选文是原著的片段，通过"擂鼓呐喊""切不可轻动"等词语，明白这一段讲述的是诸葛亮借箭成功的情节，与课文中第8、9自然段相互照应。文白互文阅读的过程中，学生既能够感受原著语言的特点，又能在对比中学习文本。通过阅读链接拓展的阅读资料，可以帮助学生打开阅读名著的切入口，从而推开阅读经典名著的大门。

（三）古诗学习助学资料的运用

统编小学语文教科书6个年级12册课本共选编古诗文129篇，平均每个年级20篇，占课文总数的30%左右。从选文数量上看，古诗已经成为了小学语文学习的重要内容之一。"诗由心生"，每一首古诗，都是诗人在特定历史环境下个人情感的深情抒发。低年级的古诗学习以诵读为主，达到诵读积累即可。但是高年级的古诗学习则不可浅尝辄止，不能浮于古诗的表面。古诗中有情、有景、有意象，更有情感，要想走进诗人内心，感受表达情感，迈向古诗学习的深处，仅了解学古诗的字面意思远远不够的。为此，要想达到对古诗的深度学习、深度体悟，必须得借助相关资料助学。

例如，统编小学语文教科书五年级下册古诗《闻官军收河南河北》的学习，体会诗人"喜欲狂"的情感，仅凭学生感情的诵读是无法走到诗人内心里去的。这就需要学生阅读"安史之乱"的历史背景素材做铺垫，体会诗人一腔报国情以及那无处所释放的忧郁。在做好铺垫之后，如何让学生走进诗人的内心，真切地体会到诗人"喜欲狂"的心理，搭建起走向诗人内心的桥梁，便成为了本节课助学的关键所在。课始，笔者利用杜甫在

"安史之乱"爆发之后，描写逃亡惨状的古诗《彭衙行》"痴女饥咬我，啼畏虎狼闻。既无御雨备，径滑衣又寒。野果充糇粮，卑枝成屋椽"为切入点，帮助学生体会杜甫饱受颠沛流亡的苦难；学习中，笔者适时引入《春望》《石壕吏》《茅屋为秋风所破歌》三首古诗，分别通过"国破山河在，城春草木深""一男附书至，二男新战死。存者且偷生，死者长已矣""布衾多年冷似铁，娇儿恶卧踏里裂。床头屋漏无干处，雨脚如麻未断绝"等诗句，让学生充分体会杜甫因战乱感受到的"国破""民苦""生活惨"的悲惨现状。在这样的情况下，历经接近八年的战争终于迎来胜利的消息，诗人闻讯当然会"喜极而泣"，胜利的消息预示着国家安康、百姓乐业的美好局面即将开始，诗人为国喜、为百姓喜、为个人喜的"喜欲狂"的内心便呼之欲出。学生真正走入了诗人内心，真切感受到了"喜欲狂"的真谛，这正是通过引入历史资料学习的结果。从课堂效果来看，学生情感是发展的，对诗人内心的感受是不断深入的。这就是资料助学的价值，让学生从浅表的学习迈向了与诗人的深度对话。

（四）具有年代感的散文助学资料的运用

统编小学语文教科书有一部分选文带有特定的历史痕迹，极具年代感。社会的发展，时代的更替，让学生理解文章中相关的事件时有了一定的陌生感，影响到了对文本的理解。

如，统编小学语文教科书五年级上册选编了梁晓声的作品《慈母情深》，作者在本文中通过特定场景的细节的描写，反映了母亲在极其艰难的生活条件下，省吃俭用，支持和鼓励"我"读课外书的往事，表现了母亲对子女的深情，以及孩子对母亲的敬爱之情。在教学中作者写到向母亲要"一元五角"买书的场景。在课堂教学中，"一元五角"这个字眼根本没有引起学生的注意，更无法触动学生的情感。这是因为学生用现在的"一元五角"等值了那个年代的"一元五角"钱。这时，教师就应该还原那个年代中一元五毛钱的价值，于是，笔者便引入下列资料：

文章写的是作者15岁的时候，当时处于我们国家的20世纪60年代，国家经历了"大跃进"和三年自然灾害之后国家资源贫乏，经济萧条。普通劳动者辛辛苦苦从早干到晚，一天的工资只有4角，最多5角。母亲是一位临时工，父亲去遥远的大西北工作，我们5个孩子，全凭母亲带养。母亲在一个街道小厂上班，每月工资27元，她每天不吃早饭，悄无声息地离开家，每天回家总在七点半左右。母亲平均一天赚9毛钱，这9毛钱是我们一家六口人一天的生活费。一元五角，在当时能买10多斤大米或者5斤最大的带鱼。

通过补充这"一元五角"的价值，能让学生了解这买书的一元五角对于"我"这个贫寒的家庭来说，是一笔巨大的开支，也了解到母亲挣这一元五角的不容易。从这一元五角中，我们感受到了母亲的艰辛、忙碌、勤劳，更感受到了如此艰辛的情况下母亲竟然毫不犹豫地拿出那么"多"钱支持"我"买书，这是一位何等慈祥、何等伟大的母亲啊！在这个基础上，学生再来体会"慈母情深"便轻而易举了，这一学习过程达成的效果无疑得益于这些资料的补充。

（五）小说题材助学资料的运用

统编教科书选编了部分小说题材的文章，除了常规背景资料助力学生理解之外，在体会表达方式方面也需要运用到资料进行助学，以体会表达效果。

如，统编教材六年级上册《桥》是一篇典型的小小说，小说中的人物"老汉"是文章塑造的主要人物形象。课文中写道："老汉清瘦的脸上淌着雨水。他不说话，盯着乱哄哄的人们，他像一座山。"作者把老汉比作成了一座山，为什么用这样一个比喻？如果是为突出岿然不动的特点是不是也可以把老汉比作一幢楼？对于这样一种表达的体会，可以通过补充《中国人眼中的山》相关的资料，引导学生进行体会。通过阅读资料，学生会感受到在中国人眼中，山是分量的象征、是稳重的代言、是力量的外显，那么老汉的稳重以及作为老支书在人们心中的分量就只能由"山"去形容。通过这样的资料助学过程学生会深切地感受到形神兼备的比喻之妙。

此环节助学资料的运用不仅是体会课文之需，同时也指向了文本表达学习，可谓是一举两得。相比较学生凭借自己的生活经验或感受来空谈，这样一个资料助学过程的学习效果自然要好得多。

语文学习从来不是孤立的存在，语文素养的提升也绝不是靠几篇课文，而是需要大语文观，需要纵横贯通的阅读。因此，语文学习就需要相关资料的助学，适时合宜的情况下引入资料，既可解学习之困，又可提升学生的学习能力。然而资料的使用绝不是简单的一加一的拼凑过程，而是基于文本，助力学生学习目标达成而有效、适宜地运用。

五、批注助学策略

批注助学策略理念主要来源于批注式阅读，该助学策略也主要针对阅读课型而谈。所谓批注式阅读是指运用符号或文字记录自己的阅读理解和阅读感悟，以及对文本内容、写作特色、表现形式进行分析和深度挖掘，是与文本展开对话的一种重要形式。批注作为一种阅读策略在统编教材四年级上册第六单元以语文要素"学习用批注的方法阅读"呈现，明确要求学生掌握这一阅读策略。在提出这一语文要素之前，教材在四年级上册第二单元安排了"阅读时尝试从不同的角度去思考，提出自己的问题"，在三年级上册第四单元安排了"一边读一边预测，顺着故事情节去猜想，学习预测的一些基本方法"，这些都是为阅读批注所做的铺垫，这是教材单元编写的意图，也是培养学生阅读策略螺旋上升的得力之举。因此，批注式阅读助学策略是学生与文本深度对话的一种重要形式，也是引导学生形成良好阅读习惯和提高阅读能力的有效途径。

批注助学策略，在本文中的观点要指向学生的阅读能力。集美大学施茂枝教授将阅读能力分解为六个层级十二个要素，分别是检索与复述、了解与转述、解释与推论、概括与整合、欣赏与评价、反思与审辨，阅读能力层级从低阶向高阶逐级递进，能力要素全面而清晰。批注式助学策略最终追求的目的就是学生阅读能力的提升，下面从批注的方式与途径如何指向阅读能力做简单的阐述：

(一) 勾画圈点指向检索与复述、了解与转述的初阶阅读能力

勾画圈点是阅读批注常用的符号，这些符号是阅读思维的呈现方式之一，也有人称为符号批注法。勾画句子、圈点词语，这样的批注是简单的阅读，在低年级运用较多。这种批注更多的是聚焦检索与提取信息上。一是培养学生一种读书的习惯，二是为以后的阅读批注打好基础。

一年级上册第六单元首次提出要求"用圈圈画画的方式批注找到的信息"，在第七课《青蛙写诗》一课的学习中，课后练习题设计，一是说说青蛙写诗的时候谁来帮忙了；二是青蛙写的诗里有逗号和句号，请你圈出来。这两个课后练习，直接就是对学生检索和提取信息能力的检测，所用到的方法就是圈画，是指向阅读能力的批注。类似于这样检索信息和提取信息进行的阅读批注在低年级运用广泛，也是重要的学习方式之一。到第八单元，难度稍微增加，提取信息数量增大，批注的内容也由圈画标点、词语，发展为找到相应的句段。到一年级下册关于阅读批注能力的要求再次提高，要求根据提取的信息作简单推断。如《小猴子下山》"小猴子为什么最后空着手回家去"，学生需要提取四条信息，再按顺序（玉米—桃子—西瓜—小兔子）说清楚经过，最后说清自己推断的道理。这样的要求就到了"了解与转述"的层级。到了二年级，开始训练学生提取信息后作出解释的能力。如，在教学二年级下册《大象的耳朵》时，让学生"画出课文中大象的话，说说大象的想法是怎样改变的"；在教学《蜘蛛开店》一文时，可以让学生圈画文中来了哪些顾客，分别买了什么。在教学《青蛙卖泥塘》一文时，可以让学生标出青蛙为了卖泥塘先后分别做了什么事情。这样的圈画批注，不仅检索与提取了信息，了解了课文相关内容，也为本单元训练的重点讲故事做好充分的准备。到了三年级，圈画批注的策略依然保留，但是提取信息后有了更高的要求。如统编教材三年级下册《花钟》一课，学生在阅读中可以采用圈画等方式标出作者按照时间顺序描写了几种花，作者怎样描写每一种花开放的。这样的阅读批注能帮助学

生做到按顺序、不遗漏从课文中检索提取信息，便是学生初级阶段阅读能力的培养。

此后各年级的课文理解，几乎都需要提取信息的能力，批注逐步从简单的勾画圈点的符号批注走向文本批注。

（二）旁批标注指向解释与推论、概括与整合的中阶阅读能力

旁批标注相对于符号批注而言属于文字批注。文字批注对字数没有具体的要求，可长可短，关键是要能准确地表达自己在阅读文本时的内心真实感受，最为经常的是采用关键的词语或短句进行批注。因文字批注的位置不同，故这类批注要有一定的规范。比如，在文本的篇首空白处进行解释题目、介绍作者、交代背景、开篇，或者是提出自己的质疑等，这属于眉批；在文本的正文末尾空白处，侧重总结全文的主要观点、表达读后感受等，这属于尾批。

旁批标注助学的目的是培养学生边读边想的阅读能力和读书习惯，伴随着阅读的节奏，随时在段落处、重点词句处进行相应的评价，在书页空白处或文章边侧写下自己的看法或者感受；如果文章节点处引发自己的生活经历，也可以展开联想写出自己的感悟。需要注意的是，使用旁批标注助学时必须给予学生自主阅读的时间和空间保障，让学生充分阅读和文本进行深度对话。只有学生全身心地投入文章中，才能读懂课文，才能对文本产生感悟和体验，才能与作者进行心灵的沟通，才能对作品有更深层次的理解和感受。这样做出的旁批标注，才是学生深度思考的痕迹。

统编教科书已经有意识地在课文或习作例文中层级递进式地呈现了旁批。三年级上册"预测"的阅读策略单元，为提示学生可以预测什么、在哪预测出现了旁批。其中《总也倒不了的老屋》以七处旁批的形式，呈现了"学习伙伴"的思考过程。四年级上册"提问"的阅读策略单元，在《夜间飞行的秘密》《呼风唤雨的世纪》中，以典型的质疑式批注的形式，展示了"学习伙伴"的质疑与困惑，示范"提问"的角度呈现了旁批。在习作例文中，统编教科书从三年级起，每册均编排一到两篇习作例文，围

绕习作训练点，以质疑式旁批、感悟式旁批、总结式旁批等形式，展示学习要点，从而减少畏难情绪，帮助学生从不知如何下笔，到知道写什么、怎么写。如四年级上册习作单元围绕"把事情写清楚"的训练点，在习作例文《杏儿熟了》《小木船》中以旁批的形式，对例文的篇章结构、关键词句、写作技巧及表达效果等进行解析，指导学生如何把事情写清楚。这些旁批的出现以实例的方式呈现，目的一是让学生读懂课文内容；目的二是教给学生批注的方法，从而培养独立阅读与深度阅读的能力。

如，统编小学语文教科书四年级上册第六单元语文要素：学习用批注的方法阅读，通过人物的动作、语言、神态体会人物心情。该单元安排了三篇精读课文，《牛和鹅》主要是认识批注和尝试用批注的方法阅读。该篇文章作者进行了五次批注，旨在引导学生学习从有疑问的地方、个人阅读有体会的地方、品析作者写得好地方以及文章给予读者有启示的地方进行批注。《一只窝囊的大老虎》重点练习在不理解的地方做批注，其次要结合课后练习题第二题，抓住课文中描写"我"的动作、语言、神态的语句，说说在排练节目和演出时，"我"的心情有怎样的变化，为什么会有那样的变化。显然这样的批注指向的是读者对文本有关内容的解释与推论，以及带有读者个人理解的概括与整合。《陀螺》重点训练在体会比较深刻的地方做批注。课后练习题二要求：读下面的句子，体会"我"心情变化的过程。这些句子是描写个人心情的句子，需要读者进行推论或概括作者此时的心情，这样的批注显然是针对学生阅读能力的练习。课后练习第三题为"人不可形貌，海水不可斗量"，说说对这句话的理解。其实这也是对有体会或有启示的内容，进行批注的再一次巩固练习。中年级批注阅读相对于低年级以提取信息为主的批注，在阅读能力上有了提高，文字批注既是思维的外显，也是助学的体现。

（三）批注评点指向欣赏与评价、反思与审辨的高阶阅读能力

批注评点是我国传统的做读书笔记的方法。评点，即评论。这种评论是针对文章的思想内容和写作方法上的要点，以及用词造句方面的特点，

采用简洁的语言，画龙点睛式的句、段进行评述，属于语文学科核心素养中的"审美与鉴赏"的范畴，也是阅读思维中批判性思维的体现。批注评点也是我国文学鉴赏和批评的重要形式和传统。它直入文本，少有迂回，多是些切中肯綮的短词短句，是阅读者自身感受的笔录，体现着阅读者别样的眼光和情怀。不仅是读者自身感受的外溢过程，而且是合作交流、语言运用、字斟句酌地表情达意的言语实践过程，最能见出个性和才情。

评点批注除了对学生思维能力的训练之外，也与统编教材"阅读与表达并重"的编写理念相吻合。批注评点首先建立在阅读的基础之上，是静心思考的外化；其次是实践写作的过程。一段评点批注就是一次小练笔，篇幅虽小，但却结合语境、勾连生活、融通情境，成为习作的练靶场。批注评点往往会出现在段落的结构安排、篇章构思、人物分析评价等节点，这些对课文写法的体悟和探究，既是学生反思与审辨的阅读能力再现，也会成为他们日后习作的源头活水。他们提笔写作时，会潜移默化地提取批注评点的相关信息，按需加工成为自己习作的素材，在一定程度上会有效改变笔下困乏的窘困。

如，统编教材六年级上册《开国大典》课后第三题，要求学生找出体现开国大典庄严气氛的句子，并在旁边批注。这一要求首先是帮助学生夯实场景描写的方法，从批注的角度进行赏析，其次可以做到联想相关的场景进行迁移仿写，学生自觉地将文本迁移到了文外。

由此可以看出，批注无论是哪一种形式，也无论是出现在哪个年级阶段，其最终目的都是指向文本的学习，提升学生的阅读能力。

六、问题助学策略

问题是学习的重要支架，学生要思考就必须有问题。然而"好的问题"才能够引导学生深度学习的发生。美国学者南希·塞西尔与珍妮·法菲尔在《老师如何提问，学生才会思考》一书中提出了"合适的问题"这一概念：开放的，带有思考价值的问题才是合适的。这些问题能够提高学生的想象力，培养学生的批判思维。结合当前课堂教学改革的实践，笔者认为"合适的问题"就是具有一定挑战性，能够引导学生展开深入学习的问题。但在实际的课堂教学中，问题的有效性值得反复思考与研究。无效的问题、没有思维含量的问题大量充斥在课堂中，占用了课堂大量的时间和空间。英国学者伊恩·史密斯在其所著的"学习性评价丛书（中学版）"中，提供了针对1000名教师课堂提问所做的分析。著作中提到的教师泰德·雷格在调研中发现，在所有被统计的课堂提问中，仅有8%的问题能够鼓励学生去交谈与思考，而35%的问题是对已经获取的知识进行检查与重复理解，更有高达57%的问题属于课堂管理类型。显然，在这本书的统计中8%的提问属于"合适的问题"。陈亮发表在2016年《人民教育》的一篇文章《课堂提问之惑》对一节小学语文新授课做了统计，朗读或背诵、纪律问题等，只需要学生服从、照做的，占18.2%；简单思维或无思考结果的选择性问题占64.5%；由学生引发的问题仅仅占到1%。由此可见，课堂教学中"合适的问题"是影响课堂学习的一个重要的因素。

在课堂教学当中，老师希望学生通过回答问题获取答案，从而完成教学任务，快速地推进教学环节。这样的问题基本上是以获取结果为目标，问题的思维空间较小，答案过多的是强调结论，而不是把思维卷入学习过程，让学习真正发生。然而，优质课堂教学不应该满足于学习的结果，而应致力于让学生真正参与学习的历程。也就是说，教师应该洞见学习的历程，不应该以快速得到结果为目标。因此，学习需要学生亲身介入，让学习真正发生，需要学生"真思考""深思考"。思考的发生必须依赖于问题，那么问题的品质就会决定思考的深度，也就会在一定程度上决定学习是否能够发生，以及发生的深度层次，当然也就决定了课堂教学的品质层次。语文课堂教学往往存在问题多、问题碎、问题杂的现象，在一定程度上阻碍了学生的思考。因此，助学课堂提出的"问题助学策略"是指借助课堂问题引发学生思考，让学习真实发生和深度发生的策略。在教学实践中，笔者总结了如下问题策略：

（一）阶梯式问题策略，引发真实性学习

"阶梯式问题策略"是为了引发学生真实学习的发生，按照一种思路分阶梯式设置问题，最终达到引发学生思考的目的。阶梯式问题是引导学生从浅入深、纵向思考的过程，一步一步分解，一步一步搭桥，在一次一次的回答中构建出相对完整、系统思考的路径与过程，完成一次真实学习历程。

例如，统编小学语文教科书五年级上册《慈母情深》一文中，少年梁晓声与母亲的对话一句一行，呈现形式较特殊。教师在指导学生有感情地朗读时，因为年代的距离感，无法让学生立即产生共鸣。为了达成这一学习目的，让学生的学习真正发生，引发学生的情感共鸣，教师可以利用"阶梯问题策略"来推动学习。阶梯问题一：引发学生关注对话形式，思考这一组对话在形式上有什么特点？对于这一问题，学生轻而易举就会发现，对话是一句一行，并且提示语特别少。阶梯问题二：引导学生在读每一句对话前想一想梁晓声是什么样的心情，或者他心里是怎么想的？他母亲说话时又有怎样的想法呢？引导学生思考少年梁晓声要买书，他一定是怀着惴惴不安的心情地向母亲要钱，来到工厂看到母亲那样的工作环境时，看到了母亲挣钱的辛苦，一定是于心不忍。于是，他怀着矛盾的心理而结结巴巴地说。这样才接近当时的场景。然而，母亲则是为了不耽误自己干活，并且内心是支持孩子读书的，她的话则应该是果决、干脆且声音宏大，否则嘈杂的机器声就会淹没她柔弱的话语声。阶梯问题三：让学生将这样"一句一行"写对话和教师改写的"混合一起"写对话进行对比，思考两种不同的对话写作方式在表现人物品质上，有什么差异化的效果呢？学生经过比对，能够发现"一句一行"的形式更能凸显人物内心的想法，体现当时特殊场合下的思想交锋。对比思考这是阅读能力的评价与鉴赏层级，属于阅读能力的高阶阶段，这样的问题让学习有了深度。阶梯问题四：引导学生思考能将这样的形式运用在什么地方呢？这一问题显然是为了学生落实迁移与运用的学习目标，这也是阅读能力的最高层级，通过

这样的问题促使学生主动学语言、用语言。学生不经历真实和深入的思考，是不可能将这样的表达形式理解到位的。

教师通过有梯度的四个问题，由浅入深、层层递进，逐步引向体会语言的表达，进而推向表达运用这一最终学习目标。阶梯式问题让学生思考不断深入，让学习过程不断深化，使得学生从学习形式到学习内涵渐入佳境，再对形式本身的样态以及所携带的功能予以迁移。这将让学生经历完整的学习过程之后，获得更为完美的学习结果，最终达成真实学习的效果。

（二）多元化问题策略，引向多元化思维

"多元化问题策略"则是为了学生的真实发生，围绕一个学习中心目标，从多个角度提出问题，构成一个问题圈，引发学生多元化、多角度的思考，最终达成学习目标。多元化问题圈是一个平面的群组，围绕核心学习任务，聚集多元化的问题，每一个小问题的解决都成为指向核心问题的一个方面或一个角度。

例如，统编小学语文教科书五年级下册的《田忌赛马》，为达成"孙膑为什么要让田忌这样安排马的出场顺序"这一中心学习目标，教师可以设计以下三个小问题，让学生在细节中认识孙膑，亲自体会这样安排出场顺序的原因。问题一：赛马场上大家看热闹，孙膑看的是什么？从这一点他给你留下一个什么样印象？问题二：关于比赛大家注重的是赛马的结果，而孙膑还注重了什么？这又说明什么？问题三：孙膑胸有成竹地告诉将军不用换马一定能赢比赛，是孙膑信口开河吗？他是怎么想的？围绕中心学习任务从外围设置三个角度的小问题，让学生从"对结果的思考""对人物特点的认知""人物的思维过程"三个角度去了解与众不同的孙膑，这样一个善观察、能思考、不盲目的完整而鲜活的形象便在学生的头脑中形成了，中心问题的解决自然就水到渠成了。多元化的问题让学生从不同的角度对孙膑这样人物形象进行了观察思考，这样取得的学习结果，显然更加多元、更加立体。

（三）递进式问题策略，引燃梯级阅读能力

有效的提问应该是分层级结构的，问题也应该呈递进层级，分别引燃相对应层级的阅读能力。但在教学实践中这种提问的"结构化"效果并不理想。北京师范大学郭华教授曾观察了19节课，教师共提问387次，平均每节课提问约为20次，每两分钟提问一次，问题基本上是记忆性、重复性的，很少提理解性问题，更缺少创造性问题。安徽师范大学全莉娟教授在《中学教师课堂提问的现状与分析》一文中指出：经过不完全统计课堂上90%的问题属于封闭性的问题，10%的问题属于开放性问题，综合类、评价类问题微乎其微。从这些教授专业观察的数据可以看出，当前课堂中问题结构失衡，低阶思维问题较多，具有分析、评价、质疑、创新性的高阶思维问题偏少，学习效果可想而知。

因此，在助学课堂理念中，提倡根据学生年段特点，要设置"递进式的问题层"，将问题能力层级分类，分别对应学生所需要提升的阅读能力。关于阅读能力层级的论述国内诸多学者都进行了分类，当下关于阅读能力的分类观点众多。其中，徐鹏认为，阅读能力包括整体感知、信息整合、理解阐释、鉴赏评价、批判探究能力。祝新华先生拟定的阅读能力评价指标是复述、解释、重整、伸展、评鉴和创意。北京教科院的李英杰老师将阅读能力分为"提取信息、整体感知、形成解释、作出评价、实际运用"五个层级。施茂枝教授则提出了"检索与复述、了解与转述、解释与推论、概括与整合、欣赏与评价、反思与审辨"六个层级，共十二个要点的阅读能力。相对于课标的四要素之说，各位专家无论如何分级，都将阅读能力的认识向前推进了一步，为我们设计指向阅读能力的提问提供了更具有针对性的参考依据。

在教学中我们尝试利用祝新华教授对阅读能力的分类标准，设计"递进式问题层"分别指向学生的阅读能力，以达成提升课堂提问助学的目的。如，在教学统编教科书六年级上册《少年闰土》一课时，设计如下的递进式问题：

1. 少年闰土向"我"介绍了哪些新鲜事？（此问题属于阅读能力的第一层复述，通过提取信息，抄录句子，指出显性事实。）

2. 这几件事中哪一件令"我"印象最深？请有依据地说出。（此问题属于阅读能力第三层重整，通过文本提取信息进行表述。）

3. 作者为什么要通过想象、组合的方式，把闰土的叙述转化成这样一幅"神异的图画"呢？（此问题属于阅读能力第四层伸展，通过文本推断文本隐含的作者写作意图等。）

4. 作者描绘这样一幅"神异的图画"只是为了表现情感深、印象美或者是表现作者内心的悲哀吗？请联系《故乡》回答。（此问题属于阅读能力第五层评鉴，通过评说内容进行评鉴。）

以上四个问题设计以"看瓜刺猹"这一事件为学习主线，形成一个递进式的问题层，四个问题层层递进，分别指向阅读能力相应的层级，学生层层思考、步步提升，达成了阅读能力和思维能力螺旋上升的助学目的。

（四）反思性问题策略，引导深度学习

反思是批判性思维的重要特征之一，教师在阅读教学中注重设计反思性的问题，是引导深度学习，提升学生思维品质的必要举措。在教学实践中，我们一般设计指向文章内容理解或表达策略的问题，一般很少设计反思性问题。但是反思性问题，对学生跳出文本看问题，深度思考，深度阅读，具有非常大的价值。

例如，统编教材一年级下册《咕咚》一课，课文结尾有一句话非常耐人寻味，"大伙你看看我，我看看你，都笑了"。在学完课文之后，教师可以把这个问题设置成为反思性问题：他们为什么都笑了？你觉得他们好笑吗？他们在笑什么呢？在这笑声中，你听出了什么？接下来引导同学们思考，首先说"咕咚"可怕极了的是小兔，那小兔为什么笑了呢？他在笑什么呢？他肯定觉得自己把这个声音想成可怕的"怪物"这件事很可笑。接下来，小猴理解错了小兔说的话的意思，他是第一个向动物发出错误信息的，他为什么笑了呢？他在笑什么呢？小猴子肯定觉得自己没有求证，听到风就变成雨，这种不求证就传递错误信息的行为是可笑的，也是不好意思的笑。狐狸、山羊、小鹿等，一边跑一边大叫"快逃命啊"，他们为什么也都笑了呢？他们在笑什么呢？这一群小动物肯定笑自己人云亦云，盲目跟从的行为。大象可以说是森林之王，他怕谁呀，但他居然跟小动物们一起逃跑，所以大象在笑谁呢？大象肯定觉得自己可笑，就连森林之王竟然也被同化，这是可笑之事。最后，野牛是森林动物大逃亡的制止者，他为什么也笑了呢？野牛肯定是笑大家遇事不加思考，盲目跟从造成了可笑的事情。这些都是很好的反思性问题，它们跳出了文本，站在了统领全文的高度，对于促进学生深度的理解，提升学生的批判性思维能力具有非常重要的意义。

又如，在《青蛙卖泥塘》的教学过程中，一个学生说，他不喜欢青蛙，因为青蛙没有主见。教师就抓住这个说法，提出了反思性的问题：课文中卖泥塘的青蛙是不是一只没有主见的青蛙？结果，大家讨论的结论出奇地一致：这是一只很有主见的青蛙。因为青蛙卖泥塘的原因是，他觉得烂泥塘不怎么样，想卖了搬到满意的地方去住。于是，青蛙向顾客推销泥塘，并且对顾客的要求言听计从，不遗余力地种草、引水、种树、栽花、盖房、修路……这样做的结果是将烂泥塘变成了好地方。当青蛙发现这是令他非常满意的地方，剧情便出现了反转：青蛙决定不卖了，自己住挺好。由此可见，青蛙卖泥塘是有主见的，不满意才要卖掉它；他最后不卖泥塘也是有主见的表现，因为卖泥塘的目的就是去满意的地方安家。在这个过程中，学生的思辨能力和思维品质明显得到了提升。反思性问题的重要，由此可见一斑。

在任何一次完整的学习事件中，必然会有问题贯穿其间，形成清晰的学习路线。无论是"阶梯式""多元化""递进式"还是"反思性"问题助学策略，其问题的设计与组织都应该是为引发学生的学习而设置的，都应该是为课堂真实的学习发生而助力的。

七、读写融通助学策略

读和写是语言文字运用最重要的途径和策略，读写能力也是反映学生语文素养高低的一项关键指标。统编小学语文教科书的编写理念更加凸显了读写的有机融合、相得益彰的融通关系，这种理念已渗透在单元的各个板块中。因此，在教学中要准确把握统编教材普通单元相关板块的设计理念，从而搭建起读写融通的桥梁，让读写融通成为助学的策略。

（一）关注读写融通的目标点——单元习作要求

语文要素是中高年级统编教科书编排的显著特点之一，从三年级开始的每个单元在单元导语中列出的本单元语文要素和单元习作要求，分别指向阅读和写作需要达成的目标，这在一定程度上渗透了读与写密切融通关系的教材编写理念。从读到写是语言学习的过程，最终语言的内化形式将主要体现在写上。单元语文要素既以目标的形式定位了单元教学的重点，又架起了由读到写、从写到读的桥梁，让读写走向融通，把学生的思维引向了高阶。

统编教材五年级上册第二单元是一个阅读策略单元，但该单元的习作要求则是：结合具体事例，写出人物的特点。中年级写人的习作重在引导学生抓住特征把人物的某一方面写清楚，在此基础上，本次习作重在引导学生借助具体事例把人物的特点写具体。从读写融通的角度来看，本单元选录的四篇课文中，《搭石》和《将相和》两篇课文通过具体事例体现了人物的鲜明特点，是学生达成习作目标的最佳例文。《搭石》一文过程中，通过摆搭石和不同种情况下走搭石的具体事例写出了乡亲们"为他人着想、淳朴善良"的特点。《将相和》一文则通过"完璧归赵、渑池会面、负荆请罪"三个具体事例，写出了蔺相如顾全大局、机智勇敢和廉颇知错就改的人物特点。

为了达成本单元的习作要求，有效落实"通过具体事例，写出人物特点"的目标，学完两篇课文之后，通过小练笔的方式对学生的能力进行了迁移训练：生活中你看到过或经历过哪些事情，可以看出人物的什么特点，请你仿照课文写一写，完成一次小练笔。在学生的第一次练笔中，学生从各个方面写了事例，基本能够达到"通过具体事例，表现人物特点"的要求，下面是两位同学的小练笔：

生一：记得前几天刮大风，下大雨，一位孕妇阿姨在收衣服。因为风大，衣服掉在了地上，阿姨身体不便。一位路过的老奶奶，连忙帮助了阿姨。阿姨很高兴，非常感谢她。

生二：我们小区里有一位老奶奶在晒太阳，因为夏天的太阳太毒了，再加上她的身体不好，结果老奶奶被晒晕了。有一对情侣路过，看见之后为老奶奶打伞，并叫来救护车。老奶奶被救护车送去了医院。

通过上面的两篇小练笔，不难看出学生基本学会了"通过描写事例来表现人物"这一要求，但是所描写人物的特点和个性缺乏立体感，形象也不够鲜明，缺乏语言表达的技巧，总体表达水平还处在低水平阶段。也就是说，这一目标对学生来说还处在"概念"层面。如何把学生的表达引向高阶，真正把这一习作目标转化为学生的表达能力，这就需要读写结合的深度融通，把学生领向表达的深处。于是，笔者又进行了"反刍式"教学，引领学生回读文本《搭石》，学生细读"摆搭石"的事例，思考可以从课文中哪些词语和句子体会到人物的特点。学生品读课文后发现课文中"找、搭、踏"这几个动词的使用，十分形象地写出了乡亲们为他人着想的美好品质。在回读《完璧归赵》的故事时，学生们发现蔺相如的机智勇敢、不畏强秦的人物特点是通过他的一举一动和一言一行得以展现的。《负荆请罪》故事中，廉颇"脱掉战袍""绑着荆条""到门上请罪"这一系列连贯的举动，使得一个知错就改、耿直直爽的人物形象跃然纸上。通过这一"反刍式"的学习，学生获取了作者表达技巧的"秘籍"，仅仅描写事例是无法让人物跃然纸上的，要想写出人物鲜明特点，一定要描写事例中人物的动作、语言或神态等，通过这样的表达才能让人物特点鲜活。这是对通过具体事例表达人物特点的一次深度学习，此时再审视自己的习作，高下立现。学生掌握了表达技巧的同时，修正也就顺理成章。于是，笔者给学生提了新要求：请运用合适的动词和语言描写来修改自己的习作，力争使所描写的人物鲜活起来。于是学生的习作改写为：

生一：记得前几天刮大风，一位孕妇阿姨在收衣服，因为风很大，衣服都被吹了下来。阿姨弯下腰，扶着肚子，慢慢的一件一件地捡。这样的弯腰，对于一个大肚子的阿姨来说显然不是一件容易的事情。这时一位路过的老奶奶连忙走过去，一边帮阿姨捡衣服，一边嘱咐阿姨说："你现在月份大了，这样的弯腰动作极不方便，同时也很危险。淋湿衣服是小事，肚子里的孩子是大事。"这是一幅多么温馨的画面啊！

生二：我们小区里有一位老奶奶在晒太阳，因为夏天的太阳太毒了，再加上她的身体不好，结果老奶奶被晒晕了。有一对情侣路过看见此景，女孩迅速地打开遮阳伞为老奶奶遮凉，男孩拨打了120。男孩子对女孩子喊道："去屋里找一块毛巾，用凉水浸湿，拿过来。"他一手接过太阳伞，一手扶住了老奶奶。就这样他们交替着为老奶奶用湿毛巾敷着头，直到救护车到来。医护人员接走病人，他们两个才离开。

对比学生的两次小练笔，第一次学生只是学习到了通过一个具体事例来简单地描写人特点，表达既不生动，描写的人物形象也不鲜活，属于低水平的表达。在引领学生再一次回读课文时，学习作者通过动作、语言和神态来描写人物的方法之后，第一个同学加入了"弯腰、扶肚"等动词，写出孕妇弯腰的困难；通过描写老奶奶的语言，写出了人物的热心，凸显了人物的特点。第二位同学习作的修改同样加入了人物的语言和动作描写，一对情侣救助老人的过程得以生动呈现。这是学生真实的课堂作业，虽然表达略显稚嫩，但是经过融通读写一个来回，第二次习作的表达效果显然提高了。通过读写融通，使他们从"通过具体事例，表现人物品质"这样一个概念化的仿写，实现了学会运用"语言、动作"描写等方法提升表达质量的效果，这也是在教学中让学生经历一个循环往复读写深度融合过程的结果。由此可以看出，从开始阶段学习仿写，再在仿写过程中发现问题，并带着问题回读课文，破解表达密码，然后实现利用学习的表达方法解决个人习作中的问题的目的。抓住单元表达这一读写融通的目标点，会让读写融通有新发展，也会让学生的语言表达质量有新提升。

（二）侧重读写融通的联结点——指向习作的精读课文

统编教材按照单元的顺序排列，单元导读页之后安排精读课文。编者选编的经典文本是经过时间检验的，不但在内容上堪称经典之作，语言运用上也是堪称典范：准确生动的表达，规范的语言句式，缜密的谋篇布局都是学生学习的典范之作。但是，在现实的教学中，许多教师会发现，中高年级的学生在学完好几册教科书并积累一定的阅读量之后，仍然存在语言表达质量不高、语言运用不够规范的问题，甚至存在病句连篇的问题。如何破解这一难题，当下研究的热点"基于结果导向的单元设计"提出来这样的教学理念："一个语文学科的单元学习，学生能写出一篇本单元相关主题的文章应该是结果。找到这个结果并从此出发，便有了一种新的教学。先教习作，然后教口语交际，接着教单元课文，最后再教习作，让每个学生的单元习作变成作品。"这样的教学设计充分利用经典篇目做联结点，从而达成读写融通的教学效果。

笔者认为，从学生需要达成的学习结果出发，以终为始，值得借鉴。从达成的教学结果进行的教学设计，从关注教师的"教"转向关注学生的"学"，在学习某些指向培养学生习作能力的经典文章或习作单元的教学上是一种不错的选择。《麻雀》是统编教材四年级语文上册的一篇经典例文。大部分四年级学生能够按照事情的发展顺序写出一件事情，但是如何把一件事情的重点部分写清楚、写具体就成了难点。虽然有的学生明白自己习作存在的问题，但是难以从课文中找到直击问题的策略；有的学生学文之后只是大致了解一个概念"要把重点部分写清楚"，但是怎样写清楚，却仍然不得其法。为此，在教学本篇课文时，笔者首先让学生观察了一段老鹰抓小鸡的视频，要求学生把看到情景写下来。

学生写道：

一只老鹰从树上俯冲下来，想捉走正在觅食的小鸡。这时鸡妈妈发现之后，与老鹰搏斗了起来，最后把老鹰赶跑了，小鸡得救了。

　　本单元关于写作要达成的结果是"把一件事情的重点部分写清楚、写具体"，从学生所完成的观察习作来看，显然没有达到这样的结果。怎样才能达成这样的学习结果，课文就是最经典的例子，从结果出发，带着问题开始学文，明确向课文学习的靶心。在解读课文时指向文章的表达方法学习，作者采用"看到的、听到的、想到的"，利用感官叠加的方法描写了老麻雀的表现，体现出了它的英勇无畏，让读者感受到了伟大母爱。在教学中引导学生以文为例，从中寻求解决问题的方法，探寻"写清楚"的核心策略。让学生从课文中明确方法之后，在实践中解决自己的问题。学生学文后，再一次观看视频，修改自己的文章，于是有了下面的表达：

　　老鹰从树上俯冲下来的一瞬间，母鸡突然反扑过来，她扽挓起全身的羽毛，像一个坚固的盾牌一样挡在老鹰的面前。她发出咯咯的尖叫声，猛烈地向老鹰进攻，用她尖尖的嘴巴暴风骤雨般地啄向老鹰的头，此时她只有一个念头，保护好自己含辛茹苦孵出的鸡宝宝。老鹰面对着母鸡的袭击，顿时懵了，一步步的被逼到了墙角。也许翱翔于蓝天的霸主，怎么也想不明白，平时柔弱的母鸡，今天怎会有如此的勇气？自己为什么败在了一只母鸡的嘴巴下？我想，那就是母爱啊！是伟大的母爱给了母鸡这样的勇气，让她不惜一切代价来保护自己的孩子啊！

　　在这一次的改写中，学生调用了自己的感官描写了看到的"扽挓起全身的羽毛"；描写了自己听到的"咯咯的尖叫声"；描写了自己想到的"翱翔于蓝天的霸主，怎么也想不明白会败在一只母鸡的嘴巴下"。从表达的角度看，学生运用从例文学习到的方法，达成了把重点部分写清楚的目的，实现了高质量的语言表达。学生经历从写中发现问题，到读中解决问题，再到写作实践运用所学方法的回合，充分利用了指向写作的经典文本这一融通的联结点，既达成了提升学生学习表达的针对性，又达到了提升学生语文素养的教学目的。

（三）落实读写融通的训练点——课后小练笔

课后小练笔也是统编教材中独具创新的设计。小练笔字数相对较少、不求完整篇章架构，只需呈现片段式的书面表达。其特点决定了它的应用价值，是融通读写的绝佳训练点。小练笔特点鲜明：一是安排在一篇课文学习之后，粘连原文，语境不脱落；二是小练笔训练时，从读到写的代入感强，读写迁移坡度小；三是小练笔目的针对性强，学啥用啥，吸纳内化，学完就练，随文练习，读写丝丝入扣，这种练习实践极具针对性。小练笔最明显的特点是读写的粘合度较高，从阅读中学语言之后，马上到实践中练习运用，练习之后的效果可以趁机与原文比对，在比对中发现问题、改正问题，提升表达质量，这样一个读写回合使得学生学语言、用语言的功底更深厚。小练笔尽管是短小片段，是单项习作能力的训练，但只要练习到位，对提升学生的习作能力会起到不可替代的作用。同时，通过小练笔的能力训练也会直接关联到每篇单元大作文的质量，不积跬步无以至千里，就是小练笔与大作文关系的形象比喻。

统编教科书三年级上册第六单元在《富饶的西沙群岛》和《美丽的小兴安岭》两篇课文中，都出现了"小练笔"。教学《富饶的西沙群岛》时，要注重引导学生从阅读中学习课文中的表达方法，特别是结合本单元语文要素"借助关键句理解一段话的意思"，在阅读课文第四、五自然段时抓住"鱼成群结队地在珊瑚丛中穿来穿去，好看极了""西沙群岛也是鸟的天下"这两个关键句，体会这两段是如何围绕关键句来写的。在指导学生完成小练笔"看图写话"时，首先让学生用一句话来概括图意，然后引导学生从颜色、数量、动物的动作等方面观察文中插图，展开合理想象，仿照课文第四、五自然段的表达方式进行小练笔。

学习《美丽的小兴安岭》一课时，学生在前三篇课文学习的基础上已经基本学会"根据关键句理解相应段落的意思"。在本文的教学中应该着重引导学生抓住每个季节多画面的美丽，以及作者生动准确的用词表达，如"抽出枝条""千万缕像利剑一样的金光"等，进而体会季节之美。在指导课后小练笔时，用一句话概括出自己家乡某个季节的美景，然后从该季节的不同画面和不同角度描写它的美丽，并注重迁移运用课本中学到的表达准确生动的词语。当学生经历了两次不同层级的小练笔之后，在进入单元习作"这儿真美"时，学生才能顺利扫清习作障碍，去认真观察自己熟悉的地方，从不同方面发现该地方的美，进行合理想象，再动笔把自己的所观、所感写下来。单元习作不再单纯是"写"的练习，更是对本单元阅读要素落实、习作要素掌握的一种检测，小练笔牵手大作文将读写有机融通。

（四）重视读写融通的结合点——"语文园地"中的词句段运用

统编教材读写融通的特点渗透在教材的各个环节，其中语文园地中"词句段运用"就是读写融通的一个结合点。虽然这个栏目着眼点非常小，但重要性不容小觑，尤其是句子的仿写练习与运用，更是提高学生语言表达质量的根基所在。

统编教科书小学语文四年级下册第四单元"语句段运用"中有这样的安排：体会下面句子中冒号的用法，再从词语中选一个，仿照着写一写。

句子一：它要是高兴，能比谁都温柔可亲：用身子蹭你的腿，把脖子伸出来让你给它抓痒。

句子二：后来我看到鹅果然能看守门户：凡有生客进来，鹅必然厉声叫嚣；甚至篱笆外有人走路，它也要引吭大叫，不亚于狗的狂吠。

此处摘取的语段，体现出课文规范的语言表达：一是冒号与分号的使用；二是采用具体事例来说明事物特点，尤其是利用两个以上具体事例来表达事物特点时标点符号的运用规则。教材中给出了"活泼的小狗、细心的小亮、热心肠的奶奶"几个选项让学生仿照着写一写，这显然是不容错过的读写融通训练点，于是学生有了如下的小练笔：

看了姥姥家的猫，我才知道有些猫咪是懒惰的：凡是找到一处暖和的地方，它必然趴下肥胖的身体呼呼大睡；甚至不让它进屋，猫咪也会在鸡窝旁找一个合适的位置，露出它那粉白的肚皮，仰头大睡。

从学生完成的小练笔来看，他们既学会了规范使用冒号和分号这两个标点符号，又掌握了采用两个以上具体事例来表达事物特点的表达方法。抓住"词句段运用"这一读写融通的结合点，让学生经历从阅读到破译表达密码，从学习规范句式到写作实践的深度学习过程，可达成学生高品质语言的建构和语文素养提升的目的。学生达成高质量的语言表达，不得不归功于"词句段运用"这一读写融通结合点的训练。

读写融通既是学生语文学习的规律所在，也是统编教科书编写的核心理念。提升学生的语言表达质量，并不是一蹴而就的事情。在教学中要遵循规律，准确把握统编教科书单元设计的板块理念，搭建起读写融通的桥梁，读读写写、写写读读，将读和写巧妙地融会贯通。只有如此，读写融通才能达到提升学生读写能力，发展学生语文素养的目标。

第六章
助学课堂的评估量规

"教学评一致性"是有效学习的基本保障，具体体现在：教师的教，是指向学习目标的教；学生的学，是朝向学习目标而学；课堂的评，是面向是否达成学习目标的评。教学、学习、评价三者有机结合，相互影响，从而达成课堂的高效助学。助学课堂是研究学生学习的课堂，所提倡的是基于课程标准所设计的表现性任务实施的评估量规。关注学生的学习，就需要启动评估量规，用量规去衡量、规范学生的学习行为，引发学生的自我调节性学习。把评价镶嵌在教学之中，成为教学的一个环节，在学习任务完成的过程中，运用量规适时对学生的"学"和教师的"教"进行评估与反思，以达成"以评促学"的目的。评估量规是一个真实性评价的工具，对学生的学习行为、表现、作品、成果等级评定的一套标准，同时也是一个有效的教学工具，是连接教学与结果的一个重要桥梁。助学课堂倡导使用评估而不倡导用评价，这不是文字游戏而是对评价的不同理解。助学课堂采用量规是对学生的学习过程展开评估，而不是对学习结果评价定性。评估是指用量规衡量之后，让学习者明白学习的状况，了解学习的不足之处，进而进行再学习补齐短板，其价值与目的重在达成"以评促学"。虽然，评价带有更多的定性成分，是结论式的。但是，助学课堂评价目的，不是为学习结论定性，而是为促进学习进行估量，是在学习过程中的促进与发展，其理念是将"对学习的评价"转变为"为学习的评价"。

一、评估量规的内涵

助学课堂评估量规是指向学生语文素养的评价量规，是针对学生学习过程的评价，包括学习过程中的行为、认知、态度以及体现语文素养的成果（如书面作品、口头表达与交际、习惯等），通常围绕语文素养的内涵和学习特征划分评价的内容维度和等级，通过对每个等级表现特征的描述实现对学的促进和教的改进。

评估量规不是单独呈现的，而是与表现性任务相伴而生。评估量规与表现性任务是表现性评价的两个构成要素。表现性评价是测量学习者运用先前所获得的知识解决新异问题或完成特定任务的能力所做的一系列尝试。具体来说，就是运用真实的生活或模拟的评价练习来引发学生最初的反应，由高水平的评价者按照一定的标准进行直接的观察、评判。表现性评价作为一种新型的评价方式，有着传统纸笔测试无法比拟的优越性：它不仅评价学生"知道什么"，更重要的是评价学生"能做什么"；不仅评价学生行为表现的结果，更重要的是评价学生行为表现的过程；不仅是对学生某个学习领域、某方面能力的评价，更重要的是评价学生综合运用已有知识进行实践及其表现的能力。麦克泰曾指出，高质量的学习结果来自于不断的持续评价、反馈和调整。那么表现性评价的关键在于合宜的评估量规的设定，评估量规既包含对表现性任务纵向完成情况维度的评估，又包含对表现性任务横向完成程度维度的等级评估。如，讲故事这一表现任务设计的评估量规如下表 6-1 所示：

表 6-1　表现性任务的评估量规

评价要素		等级描述			
		A级	B级	C级	D级
讲故事	准备阶段	对活动很有兴趣，能提前阅读故事，做好讲故事提示卡，并多次练习讲述	对活动有兴趣，能提前阅读小故事，做好讲故事提示卡	对活动兴趣一般，临时想一个小故事	对活动没有兴趣，没有故事可讲

续表

评价要素		等级描述			
		A级	B级	C级	D级
讲故事	讲述	能让在场的所有人听到声音，按照顺序流畅、完整地讲述小故事	声音能让在场的所有人听到，较为完整地讲述小故事	声音能让大多数同学听到，但故事讲得断断续续，情节不完整	基本听不到声音，断断续续，不知道在讲述什么
	应对	自信、有礼貌地回应别人的问题，发表自己的看法，简单说明理由	能回应别人的问题，发表自己的看法	能简单地回答别人的问题	对别人的问题不予理睬
听故事	倾听	专心倾听，了解故事内容，展开想象，记住感兴趣的人物和情节	专心倾听，了解故事内容，记住特别感兴趣的人物和情节	能倾听、了解故事内容	东张西望，对故事不感兴趣
	交流	对自己感兴趣或者是有困惑的地方，主动、自信、有礼貌地提问或发表自己的意见	对自己感兴趣或者是困惑的地方，能提问或发表自己的意见	不主动提问或发表自己的看法，但是能回应别人的问题	没有思考，害羞胆小，不敢发表自己的意见，从不回应别人的问题

二、评估量规的设计原则

评估量规设计不是一个单一的行为，而是基于表现性评价需要，设计与表现性任务相匹配的评估量规。表现性评价区别于传统评价的特征，就是在设计任务之时同步设计评价量规，并在任务开始之前就把这些评价标准公布给学生，其根本目的是为了促进学生持续不断地评价自己的学习过程，引导学生进行自我导向的学习，成为表现性评估的量规设计者，而不是仅仅完成任务。因此，表现性任务和量规的匹配设计能促进课堂教学评价的实质性变革，变"对学习的评价"为"为学习的评价"，变"他人评价"为"自我评价"，变"外在评价"为"内部评价"。

表现性学习及其评价过程与一般的教学过程有相似的地方，也有不同之处，如图6-1所示。其设计步骤如下：首先，根据课程标准和教材设置单元或课时评价内容；其次，根据具体化的评价内容设置表现性任务；接着，根据具体的表现性任务来设计与之相匹配的评估量规。最后，把评估量规嵌入课堂，进入课堂教学和学生学习阶段。

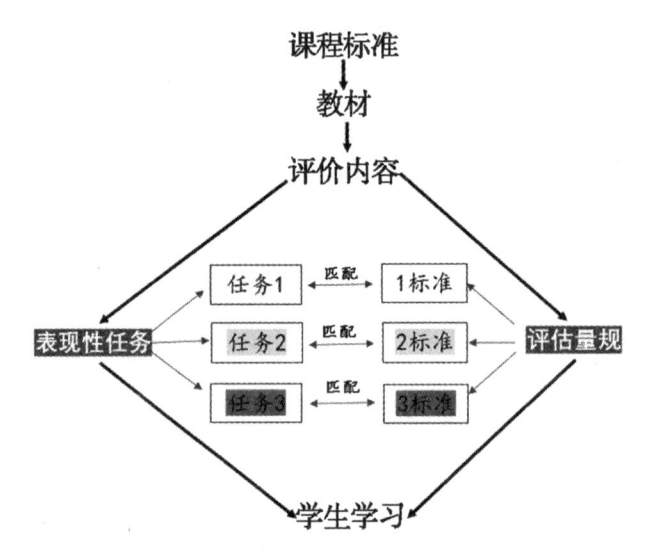

图6-1 基于标准的表现性评价结构图

1. 表现性任务与评估标准匹配原则。基于课程标准，指向学生语文素养的提升，产生相应的评价内容。评价内容会以多种表现性任务呈现，不同的表现性任务就用与之相匹配的评估量规。表现性任务与相应的评估量规相互依赖，相互渗透，只有相伴而生才能促进学习的发生。只有表现性任务是不能导致真正的有效学习的，因为没有评价的任务不能算是一个完整的任务；无论设计什么样的表现性任务，无论评价内容是什么，我们都要确立一个简单合理的评价标准来评价学生的表现，检验学生的学习结果。因此，开发表现性任务的过程中，就应该确立与评价内容、评价目标相对应的评价标准、评分规则等。

2. 指导课堂教学的原则。当表现性任务在课堂教学中被执行时，评估量规就成为引导教学过程一个路线图，成为不断矫正教学方向的一种有效工具。表现性任务和评估标准镶嵌到课堂教学之中都是为促进教学而服务的，因此，其评估本身不能成为目的，也就是说，不能为了表现而表现，不能为了评价而评价。反之，要在任务完成的过程中，运用评估量规这个工具，对教师的"教"和学生的"学"进行评估与反思，以促进课堂教学的完善。

3. 促进学生学习的原则。一般意义上，传统的评价是对学习结果进行结论性的评价，而表现性评价不仅要求对学生表现的最终结果进行评价，更要求注重对学生的表现过程进行评价，这是它与传统的纸笔考试的主要区别之一。换句话说，它不仅要评价学生能做什么，还要评价学生是如何做的。因此，在设计表现性任务时，应把一个整体任务进行分解，分为几个相互联系的子任务；相应的，评价标准也应该更加多样，不仅仅针对学生最后的学习成果、"产品"、作品设计评价标准，还应该针对其各个子任务完成的结果设计评价标准。通过形成性评价，教师可以知道学生在任务完成过程中的表现，比如，在哪些环节表现好，在哪些环节有所欠缺，等等，从而对症下药，促进学生学习进步。这也是采用表现性评价最终的目的，评估是为了促进学生学习的发生。

4. 遵循评估量规研制程序原则。评估量规制定不是随意而为，研制的主体既可以是老师，也可以引导学生参与，但是需要遵循基本的程序原则。首先，基于课程标准把握相关原则，基于教学内容制定相应的表现任务，在此基础上研制量规。其次，划分评价的维度。根据表现性任务体现的语文要素或语文素养列出评价的维度，从几个方面进行评价才能与任务相匹配。再次，要设置程度维度，也就是评估达成的程度层级。最后，描述评价标准。要求用学生读得懂的语言，准确体现各个层级标准，每个层次要界定清楚，做到不重复，不重叠，可操作。这是评估量规的核心部分。在实际的教学中如果条件允许，还需要对评估量规进行试用，根据情况再进行调整，形成正式适用的评估量规。

三、评估量规的功用

评估量规首先是评价工具，是促进学习的有效策略。在教育教学中的功用主要体现在如下方面：

一是评估量规所呈现的标准是语文素养的具体化和可视化表达。标准将语文素养或语文要素进行了可理解、可操作的分解，增强了它们的准确性。比如，统编教科书二年级的语文要素"讲故事"与三年级的语文要素"复述故事"到底有什么区别？如果从研究量规的角度思考学习结果的具体表现，就不难找到区别点了。二年级的"讲故事"的评估量规，强调讲述故事要做到完整和有序。三年级的"复述故事"的评估量规，则可以从与故事原文的结构、人物、情节等是否相符的角度出发，制订程度标准。

二是学生根据量规实现自我评价，进行自我调节性学习，朝着既定的学习目标不断改进。评估量规就是学生学习的导航，帮助学生在学习过程中不断将自己的学习表现与评估量规的标准进行对比，明确自己的学习情况，了解自己学习的不足，实现学习过程中的自我评价和自我监控，进行自我调节性学习，真正实现为了学习发生而评价，达成以评促学的目的。

三是教师借助评估量规实现教学的自我监控与改进。评估量规中的标准基本上是教师根据课程标准所规定，基于教学内容设计相关的表现性任务，根据表现性任务制定相匹配的评估量规。在教学过程中教师会根据学生的表现作出判断与调整，根据学生的达成度来改进教学，调整助学策略，调节学习节奏等。

四、评估量规示例

1. 指向单一语文要素表格形式的评估量规。

例如,统编小学语文教科书四年级上册第七单元的语文要素是"关注主要人物和事件,学习把握文章主要内容",这一语文要素对应的是语文课程标准第二学段阅读能力中"初步把握文章的主要内容,体会文章表达的思想感情"这一目标。那么表现性任务自然就是给所阅读的本单元文章概括课文主要内容。根据表现性任务制定如下相匹配的评估量规,如表6-2所示:

表6-2 表现性任务匹配的评估量规

评估要素	等级描述		
	A级	B级	C级
读懂课文内容	认真读了课文,读懂了每句话的意思,知道课文大致讲述了什么	读了课文,有些词句的意思还不明白,但是知道课文大致讲述了什么	粗略浏览一遍课文,没想去理解意思,只是把课文看完
把握每件事的主要内容	清楚文章由几件事组成,能抓住主要人物简要地说出每件事的主要内容	清楚文章由几件事组成,能说出每件事的主要内容	确认不了文章由几件事组成,只能说出文章的某一部分的内容
把握文章主要内容	清楚事与事之间的关系,用相应的连接词将几件事的主要内容连接起来,清楚地说出文章的主要内容	不清楚事与事之间的关系,只能将每一件事的主要内容连接起来形成文章的主要内容	随意地说出一些自己记住的课文内容

2. 指向语文要素阶梯式评估量规。

统编小学语文教科书三年级上册第二单元指向习作的语文要素是"学习写日记"。在本次习作中，除了学习日记的格式以外，还讨论了日记可以写什么和写日记的好处。统编教科书用"准备一个日记本，并开始写日记吧！坚持写下去，你一定会大有收获"来激励学生养成写日记的习惯。此评估量规就是帮助学生养成写日记的习惯，这是一个持续性的学习行为与习惯养成。教学中可以打破使用二维表格的传统形式，采用阶梯式的形式，在每级标准的描述中体现了习惯养成的关联因素，即对任务的价值认知、做事的正相关情绪体验和频率，以此激励学生步步前行，最终取得成功，如图6-2所示。

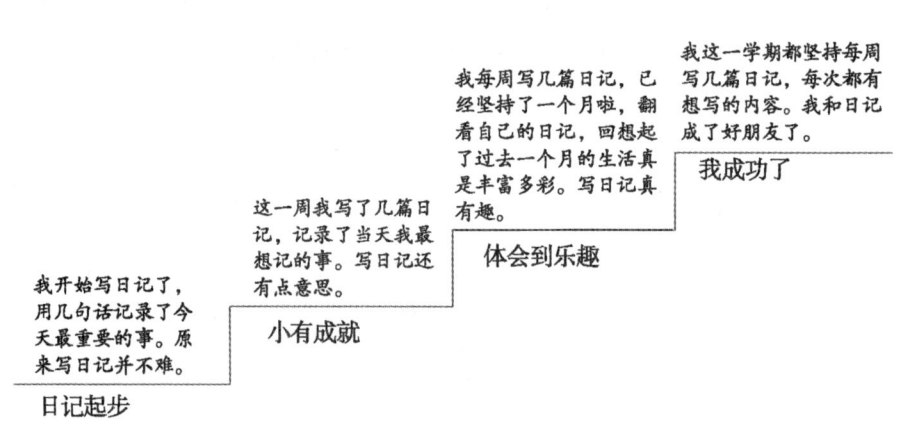

图 6-2　阶梯式评估量规

3. 基于具体课型的评估量规。

在实际教学中具体到每节课，学生所完成的表现性任务比较单一，为此评估量规也比较简单。其目的就是确保达成教学评一致性，提升课堂学习效果。以下表6-3是具体到某一节不同类型课的评估量规示例：

表 6-3 具体课型评估量规示例

课型	评价量规的价值举例	评价量表举例
口语交际课	统编教材三年级下册第八单元的口语交际是《复述》，我们可以根据教学目标，制定与教学目标相匹配的评价量规，既可以检测学生的学习，又可以用评价来促进学习	口语交际《复述》评价表 | 评价标准	故事内容 讲清楚	主要情节 自己的话	想象复述 合理想象	复述方法 图表等	仪表神态 自然大方	语音语调 别人听清
---	---	---	---	---	---	---
自我评价						
伙伴评价						
老师评价							 每一项达标得一颗★！　　总★数
习作课	统编教材三年级上册《那次玩得真高兴》，语文要素中要求"把事情写具体"，还要恰当表达自己的感情。通过评价量规清晰地呈现了本次习作的重点，提升自己的写作能力	习作《那次玩得真高兴》评价表 	评价标准	自我评价	同学评价
读一读：语句是否通顺★★		
看一看：标点是否正确★★		
画一画：是否写清楚玩的过程★★★★★		
想一想：是否表达快乐的心情★★★★★			
阅读课	统编教材四年级上册《一只窝囊的大老虎》，语文要素中要求通过人物的语言、动作、神态体会人物心情。通过这样的评价量规对接教学目标和学习内容，来衡量阅读任务是否达标	阅读《一只窝囊的大老虎》评价表 	评价项目	评价标准	自我评价	老师评价
---	---	---	---
找到了课文中描写"我"动作、语言、神态的语句	能够准确而不遗漏找到文中相应的句子★★★★★		
此刻所表达的"我"的心情又有怎样的变化	能用准确的短语表达"我"的心情★★★★★		
为什么会有那样的变化	能用简洁准确的语言表达"我"有那种变化的原因★★★★★			

第六章　助学课堂的评估量规

第七章
助学课堂的实践样态

本章从表格助学案例、思维导图助学案例、资料助学案例等几个方面展示助学课堂的基本实践样态。实践案例围绕教师如何采用相适宜的助学策略，助力学生的课堂学习，旨在体现"教"与"学"方式的变革。同时也将努力体现如何将评价量规嵌入课堂学习之中，发挥以评促学的导向作用。

一、表格助学案例
——以统编小学语文教科书四年级上册《麻雀》为例

板块一：以终为始，理清学习目标

师：同学们，我们在第四单元神话单元中学习了了解故事的起因、经过和结果，把握课文内容的方法，下面请你们仔细观看这一段小视频，试着把你看到的事情写下来。

（生观看视频后自由写作。）

生：一只老母鸡为了保护孩子，用自己的身体掩护着孩子，赶跑了老鹰。

生：一只老鹰想吃小鸡，鸡妈妈伸开自己的翅膀，用嘴巴把老鹰逼到了石头缝里。老鹰无力反抗。

师：咱们看看这位同学的作文是不是按照这样的顺序写的？

生：老鹰想吃小鸡，这是故事的起因；鸡妈妈伸开自己的翅膀，用嘴巴把老鹰逼到了石头缝里这是过程；老鹰无力反抗，小鸡得救，这是结果。

师：这位同学写得不错，他按照事情起因、经过和结果的顺序就把事情写清楚了。如果我们不看视频，只读这段文字的话，你有什么感受？

生：写得太简单，只是了解这样一件事。

生：不能够把视频中精彩的部分写出来。

师：如何写清楚故事的主要部分呢？运用什么样的方法才能把重点的环节写清楚？这就是这节课我们需要学习的重点。下面我们就通过《麻雀》这篇课文，看看作者是如何做到把重点部分写清楚的！

【评析：新课伊始，李老师进行了逆向设计，以终为始，指向语文要素的落地实施。开课即写，考察出学生的真实水平，准确定位学生的学习起点，为后续的学习交流提供了有效参考，真正做到了以学定教。】

板块二：分类出示词语、夯实字词学习

师：下面请同学们自由朗读课文，注意读的时候读准字音，读通句子。

（生朗读课文）

师：谁来读一读第一组词语？（出示）

牙齿　庞大　愣住　嗅了嗅

（学生读词语）

师：第二组词语谁来读给大家听？（出示）

掩护　搏斗　拯救　挓挲　嘶哑

（学生读词语）

师：第三组词语谁想读？（出示）

幼儿　呆呆地　无可奈何

（学生读词语）

师联系文中句子，引导学生理解"挓挲、无可奈何"的意思，利用字理识字法引导写好"幼"字，同时指导写好"愣"和"齿"。

师：同学们小声读一遍这些词语看看有什么发现？

生：第一排词语是写猎狗的；第二排是写老麻雀的；第三排是写小麻雀的。

师随即板书：　　　　老麻雀

　　　　　　　　小麻雀　　猎狗

【评析：在这一部分的学习中，李老师将字词学习与课文内容梳理紧密联系到一起，既检查了字词的掌握情况，又辅助了学生对后续文章内容的把握。】

板块三：按照事情发展顺序梳理课文

师：下面请几位同学接读课文，大家边听边思考课文围绕他们写了一件什么事？事情的起因、经过和结果分别是什么？

（学生读文 1—3 自然段及第 4 段第一句话。）

师：小麻雀遇到了危险，你的心情如何？

生：紧张，小麻雀可能会被猎狗咬死。

……

师：哪位同学能够用一句话来概括这一部分的意思？

生：猎狗发现了小麻雀，想吃掉它。

师：这就是故事的开始，也就是故事的起因。下面请第二位同学接着往下读。

（学生读文 4—5 段。）

师：这位同学课文读得准确通顺，你能用一句话来概括这部分吗？

生：老麻雀奋不顾身救小麻雀。

师：这就是故事的经过，此时此刻你的心情又是怎样的？

生：我非常感动，老麻雀不顾自己的安危来救自己的孩子。

生：我感到震撼，麻雀对于猎狗来说太弱小了，这样勇敢地飞下来，这勇气令人震撼。

师：是啊，这就是母爱的力量。请第三位同学继续往下读。

（学生读文 6—7 段）

师：这两段是故事的结尾，怎样概括呢？

生：猎狗被吓退。

师随机补充板书：

```
        老麻雀
   （经过）  （结果）
   保护      吓退
     ↓        ↓
   小麻雀 ← 猎狗
         攻击
        （起因）
```

师：下面我再请一位同学借助这个关系图说说课文的主要内容。

生：猎人打猎回家的路上，猎狗攻击掉下巢的小麻雀，老麻雀奋不顾身保护小麻雀，猎狗被老麻雀的勇气震撼，继而被吓退。

师：课文就是按照事情的起因、经过和结果的发展顺序把事情写清楚的。从刚才同学们写的小片段中可以看出，你们已经掌握了把事情写清楚的方法。我们再回想一下，刚才是如何把事情写清楚的？

生：先写故事的起因：老鹰想吃小鸡；然后，再写母鸡如何打败老鹰的过程；最后，写老鹰被打败。

师：我们和作者一样都是按照起因、经过、结果的顺序来把事情写清楚的。

【评析：在这一部分的教学中，李老师利用图示巧妙梳理故事中各"人物"间的关系，通过这一图示辅助学生讲清楚故事的主要内容，同时也利用图示梳理出了事情的起因、经过与结果，有效落实了本单元了解作者是怎样把事情写清楚的这一语文要素。】

板块四：借助表格，助学写清楚重要环节的方法

师：同学们，我们已经知道课文写了一件什么事，你能用几个词语概括老麻雀和猎狗的特点吗？

生：（老麻雀）英勇无畏、奋不顾身……

（猎狗）凶残

师：你是从文中哪些句子读出来的，请你用波浪线画出描写猎狗的句子，用直线画出描写老麻雀的句子。

（学生标画相关句子。）

师：从标画出的句子数量来看，你有什么发现？

生：描写老麻雀的句子比较多。

师：从语句描写的数量上看，不难发现，描写老麻雀无畏的句子是课文的重点。下面我们一起看看作者是怎样把事情的重要部分写清楚的。请一位同学读一读描写老麻雀的句子。

（学生朗读标画的句子。）

师：下面请同学们再快速默读这些句子，思考你是从哪一个词语或句子中体会到了老麻雀的英勇无畏，可以用批注写出你的感受。

生：从"像一块石头似的落在猎狗面前"体会到了老麻雀动作果断、毫不犹豫、救子心切的心情。

师：这位同学通过抓住课文中关键词的方法体会到了老麻雀的英勇无畏，哪位同学再说说你抓住哪些关键词也体会到老麻雀的英勇无畏？

生：挓挲，"老麻雀毫不畏惧"。

生："绝望地尖叫""似乎与猎狗拼命"。

生："强大的力量""这就是母爱"。

生：……

师：同学们体会得非常好，作者就是围绕着老麻雀的无畏从各个方面展开描写的。让我们齐读课文，读的时候注意这些关键词，读出老麻雀的无畏。

（学生齐读课文。）

师：大家仔细看看我们圈画出来的这些关键词句，能给它们分分类吗？

生：这些词有的写的是作者看到的，有的是作者听到的。

生：描写作者看到的动作的词句有：飞下来、落在猎狗面前、挓挲起全身的羽毛、掩护着小麻雀、浑身发抖。描写作者听到的声音的词语有：(绝望地)尖叫着、发出嘶哑的声音。

还有一句是描写作者心里想的：不能安然地站在高高的没有危险的树枝上，一种强大的力量使它飞了下来。

师：动作是我们看到的，声音是我们听到的，心里想的是作者想到或者是展开的联想。老师把刚才同学们找到的词语和句子梳理一下。（出示下图表格）看完表格，你知道如何把事情的重要部分写清楚了吗？

老麻雀 (英勇无畏)		方法 感官叠加
突然，一只老麻雀从一棵树上飞下来，像一块石头似的落在猎狗面前。它挓挲起全身的羽毛，绝望地尖叫着。老麻雀用自己的身躯掩护着小麻雀，想拯救自己的幼儿。可是因为紧张，它浑身发抖，发出嘶哑的声音，准备着一场搏斗。在它看来，猎狗是个多么庞大的怪物啊！可是它不能安然地站在高高的没有危险的树枝上，一种强大的力量使它飞了下来。	飞下来 落在猎狗面前 挓挲起全身的羽毛 掩护着小麻雀 浑身发抖	看到（动作）
	绝望地尖叫着 发出嘶哑的声音	听到（声音）
	不能安然地站在高高的没有危险的树枝上，一种强大的力量使它飞了下来	想到（心理）

生：在描写事情的时候可以采用描写作者看到、听到或想到的。

生：作者在描写一个事物的时候可以用上看到的、听到的和想到的把事情的重点部分写清楚。

师：对了，这种写法我们可以叫"感官叠加"。叠加可不是简单地写完看到的，再写听到的或想到的这样机械地相加。我们来看看这两个句子，读一读，看看有什么不一样的地方。

课件出示句子：

突然，一只老麻雀从一棵树上飞下来，落在猎狗面前。它挓挲起全身的羽毛，尖叫着。

第七章　助学课堂的实践样态　145

（学生读句子。）

生：和原句相比少了"像一块石头似的"和"绝望地"。

师：少了这两个词语，这句话依然有看到的老麻雀的动作和听到的老麻雀的叫声，那表达效果有什么不同呢？对比读读这两句话，看看有什么体会。

生：缺少了急切救子的坚定。

生：没了绝望就体现不出老麻雀拼命的感觉。

师：这个句子只是真实地记录了当时的场景，同学们再看看这两个词，你有什么发现？

生：这是作者想的，是作者的真实感受。

师：说得非常好，这就是作者写清楚老麻雀无畏的表达密码，作者在真实的描写中融入了个人的真实感受，所描写的事物便有了人的情感，真实而鲜活。

课件出示句子：

突然，<u>一只老麻雀从一棵树上飞下来</u>，像一块石头似的<u>落在猎狗面前</u>。
　　　　　看到　　　　　　　想到　　　　　　看到
<u>它挓挲起全身的羽毛</u>，绝望地<u>尖叫着</u>。
　　　看到　　　想到　听到

师：我们再对比一下这两个句子，也是同样的表达特点，这就是大作家的语言风格。

出示句子：

老麻雀用自己的身躯掩护着小麻雀。它浑身发抖，发出嘶哑的声音。

老麻雀用自己的身躯掩护着小麻雀，想拯救自己的幼儿。可是因为紧张，它浑身发抖，发出嘶哑的声音，准备着一场搏斗。

师：这种感官叠加的表达方式就是在合适的地方加入个人感受，引发读者的情感共鸣，把重点部分写清楚也就水到渠成了。

师：作者运用这种方法写清楚了老麻雀的无畏，那用同样的方法是不是也能写清楚猎狗的攻击与退缩呢?请你从刚才标画出的描写猎狗的句子中找出哪些是作者看到的。

生:"慢慢地走进""嗅了嗅""张开大嘴""露出锋利的牙齿""愣住了""慢慢地后退"。

师:有听到的吗?

生:没有。

师:你看感官叠加的表达方法,也是根据表达的需要选择使用。想到的有吗?

生:"它可能没料到老麻雀会有这么大的勇气。"

师:作者在描写猎狗时运用了看到加想到的方法写清楚了它的攻击与退缩。同学们看看这个表格还有新的发现吗?

老麻雀 (英勇无畏)		方法 感官叠加	猎狗 凶残 吓退	
突然,一只老麻雀从一棵树上飞下来,像一块石头似的落在猎狗面前 它挓挲起全身的羽毛,绝望地尖叫着 老麻雀用自己的身躯掩护着小麻雀,想拯救自己的幼儿 可是因为紧张,它浑身发抖,发出嘶哑的声音,准备着一场搏斗 在它看来,猎狗是个多么庞大的怪物啊 可是它不能安然地站在高高的没有危险的树枝上,一种强大的力量使它飞了下来	像一块石头似的落在猎狗面前 挓挲起全身的羽毛 掩护着小麻雀 浑身发抖	看到 (动作)	慢慢地走近、嗅了嗅、张开大嘴、露出锋利的牙齿、愣住了、慢慢地后退	猎狗慢慢地走近小麻雀,嗅了嗅,张开大嘴,露出锋利的牙齿 猎狗愣住了,它可能没料到老麻雀会有这么大的勇气,慢慢地,慢慢地向后退
	绝望地尖叫着发出嘶哑的声音	听到 (声音)		
	不能安然地站在高高的没有危险的树枝上,一种强大的力量使它飞了下来	想到 (心理)	它可能没料到老麻雀会有这么大的勇气	

第七章 助学课堂的实践样态　147

生：作者重点写了老麻雀，对猎狗的描写较少。

师：大家注意看，课文在描写故事的主要内容时做到了老麻雀和猎狗的描写交互表达，这样的表达方式也是值得我们学习的。

师：同学们，课文学完了，你学到如何把重要内容写清楚的方法了吗？

生：感官叠加、交互表达的方法。

【评析：如何让"教"转向引导"学"是教学理念变革的核心。在此过程中老师改变了传统的"教"的方式，采用表格助学的方法一步一步引导学生发现了作者展开具体描写的密码就是采用"感官叠加"以及"交互表达"的方法把课文重点内容写清楚，真正实现了自主学习、深度学习。】

板块五：迁移运用、评价促学

师：我们既然学到了这样的表达方式，能不能用来改改我们课前的小练笔呢？估计小视频都忘记了，我们再来欣赏一下。

（学生欣赏小视频，修改课前练笔。）

师：下面我们一起欣赏几位同学的练笔，请其他同学利用下面的评价表，评价几位同学的练笔。

小练笔评价量规（每一项写到一处得一颗星）		
按照事情发展顺序	起因、经过、结果（按顺序）	☐
感官叠加的方法	看到的（动作或神态）	☐
	听到的（声音）	☐
	想到的（心理）	☐
交互表达	一边写母鸡，一边写老鹰	☐

生：老鹰从天空飞下来，冲向小鸡。老母鸡立刻尖叫着冲向老鹰，只见它挓挲起全身的羽毛，用尖尖的嘴巴啄向老鹰的头。它只想用力保护小鸡，把老鹰逼到了土墙的一个角落里。老鹰张着嘴巴却不敢说一句话，被老母鸡的勇气吓呆了。

生：我觉得他可以得到五颗星，写出了事情的起因、经过和结果，也用到了课文中学到的方法。

【评析：在这一部分的学习中，学生充分利用了这节课中学习到的写作方法，对自己课前的小练笔进行修改，通过学生的反馈我们可以发现，大部分学生都学会了如何把重点部分写清楚的方法，实现了自身写作水平的提升。同时李老师在这里还提供了评价量表，这既是学生对自己习作进行评价的工具，同时也是学生进一步修改自己作文的参考，真正实现了以评促学。】

师：这位同学写得非常棒，特别值得表扬，首先做到了按顺序把事情写清楚，其次做到了运用所学的方法把重点部分写清楚。因为时间关系我们无法一一展示，课下请你根据这个评价表来给自己的小练笔打星。没有得到星星的地方就是小练笔需要修改的地方。

师：相信这节课大家都学有所获，今天就到这里，同学们下课！

【总评】

四年级上册第五单元是习作单元，其语文要素是：了解作者是怎样把事情写清楚的。关于"写清楚"，笔者认为应该包含两个方面，一是把事情过程写清楚，一般的方法与策略就是按照事情的起因、经过和结果的顺序来写，做到把过程写清楚。二是把重要的内容写清楚，也就是把事情的过程这一重要部分写清楚。站在单元整体的视角来看，本单元重点就是如何把重点内容写清楚，这是语文要素落实的核心所在，同时也是解决四年级学生习作空洞，表达呈流水账等问题的有效途径。

开课即写，是这一课教学的一个显著特点。学生开课即写是学生学习之前的真实水平呈现，通过分析学生真实的水平与现状，从而定位学习的出发点。这样的设计既可以了解学生目前真实的情况，点好教学起点，同时也可以让教学目标更加精准。

教学方式的转变是落实统编教材编写理念的核心要义之一，教师要采用合宜的助学策略变"教学"为"助学"，使学生的学习从"被动接受"

变为"主动建构"。因此,课堂教学中执教者没有采用传统"教"的方式,而是采用先让学生谈读文后对老麻雀的感受,然后找到相关的句子进行品读,接着采用抓关键词进行读书批注,最后引导学生对关键词进行分类的方法。学生在分类的过程中,发现可以分为作者观察到的动作、听到的声音、还有作者展开的想象三类。分类过程结束,学生发现了作者展开具体描写的密码就是采用"感官叠加"的方法,通过动作、神态、声音以及作者展开的联想把老麻雀如何保护小麻雀的过程写清楚。同时,在这一学习的过程中,老师采用表格的方法一步一步引导学生学习,这样一个过程拖长了学习的历程,相比传统的教学花费了不少时间,但这是学生一个真实学习、思考的历程,引发了学生的深度思考。教师采用表格这一助学策略,引导学生学习与发现、总结与归纳的历程都是由学生亲自参与和实践的,并非是在老师的讲解下灌输学习,学习的结果自然也就大相径庭,这样课堂自然是生本的课堂。

习作单元精读课文主要的功能就是指向写作,课文承担着教给学生习作方法的任务。如何发挥课文的范例作用,做到读写融通,从读中学写,写中发现的问题再到读中解决,做好这样一个读写往复的过程便是习作单元精读课例教学的重点。执教本课时,开篇即写是学生真实水平的定位,从学生真实的习作现状中找到学习课文的目标,然后到课文学习中有指向性地学习表达方法。最后学生利用学习到的方法,对第一次的小练笔进行修改,完成一个读写融通的过程。

如何把重点部分写清楚是学生开篇小练笔中存在的突出问题,通过课文的学习,学生掌握了"感官叠加"的方法,之后练习运用这个方法描写老母鸡如何与老鹰战斗,学生当堂学习,当堂运用。从学生现场的作文来看,的确学会了方法,并且第二次习作比第一次习作有了显著的提升。最后,评价量表的出现,再一次强化了本课把重点过程写清楚的方法,起到以评促学的效果。

总之,本节课准确把握了教材理念,充分地发挥了习作单元精读课文指向写作的设计意图，通过读写融通的方式切实提高了学生的习作水平。

（执教：李玉玺　评析：东营市教育科学研究院　孙传文）

二、思维导图助学案例
——以统编小学语文教科书三年级下册《海底世界》为例

板块一：检查预习，导入新课

师：同学们，你们见过大海吗？谁能说说你见到的大海的样子呢？

生：美丽、蓝蓝的。

生：一望无际。

师：看来美丽浩瀚的大海给大家留下了深刻的印象，但是大家刚才说到的大都是海面或者是海边的情况，这节课就让我们一起潜入深海，去领略海底世界的风光。

（老师写课题。）

师：课前同学们已经通过预习单预习过课文了，这几个词是同学们选出的认为最难读的三个词，我们一起来读一读。（以柱状图形式出示学生认为最难读的三个词。）

储存、煤炭、差异

（生齐读词语。）

师："差异"的"差"是个多音字，我们以前也学习过它，它念什么？

生：chà。

师：如果昨天你数学考试没有考好，老师就会批评你考得很——

生：chà。

师：如果某两件东西很相似，我们会说他们两个——

生：差（chà）不多。

师：这节课还出现了一个比较难理解的词"反推力"，预习单中老师要求大家课下通过查找资料的方式了解一下这个词，谁来说说你对这个词的了解？

生：当物体受到力的作用时，会产生一个与物体受到的力相反方向的推力，这种力就叫反推力。

师：是的，比如现在老师在推这面墙的时候也会觉得墙在推我，这就是生活中比较常见的反推力。

师：在预习单的最后，老师问大家学完这篇文章你还有什么疑问，同学们提出了各种各样的问题。其中大部分的问题是科学性问题，比如海底世界为什么蕴含着丰富的煤、铁、石油和天然气？这些问题呢，同学们课下可以通过查找资料的方式寻找答案。还有一部分同学提出的是词语理解方面的问题，比如"窃窃私语"是什么意思？像这类问题，大家可以在读文的过程中利用联系上下文的方式解决。也有一些同学提出的是与我们今天课文学习有关的问题，比如海底世界是什么样子的，海底世界有什么？这些问题都会随着我们今天的课文学习一一解决，接下来就需要大家认真听讲了。

【评析：通过预习单的形式，指导学生课前预习课文，有效解决了课文中的字词难题，提高了课堂效率。同时，通过数据分析找出学生容易读错的字词并进行有针对性的教学，避免了传统字词教学中高耗低效的弊病，让字词教学更扎实有效。最后，引导学生大胆质疑，将学生提出的问题进行梳理并给出相应的解决方式，不但帮学生解决了这节课上的问题，更教给了学生解决此类相关问题的方法。】

板块二：借助思维导图，理清文章脉络

师：孩子们，你可知道大海深处是怎样的吗？请你快速默读课文找出一句话来回答。

生：海底真是个景色奇异、物产丰富的世界。

（板贴：景色奇异　物产丰富。）

师：课文从哪些方面介绍了海底世界呢？我们在第四单元中学习过借助关键句概括一段话内容的方法，请你先试着找出每一段中的关键句，如果可以直接利用关键句概括的就直接利用关键句概括，如果不能的话，可以根据关键句的提示试着自己概括。最后请你把找到的句子或者是自己概括出的句子填写到助学单中。

（生默读课文，填写助学单。）

```
《海底世界》助学单
```

师：谁来说说自己发现课文从哪些方面介绍了海底世界？

生：海面上波涛澎湃的时候，海底依然很宁静。

师：同学们，你们看这就是波涛汹涌的海面，而此刻的海底却是一片宁静，原来海底与海面的差异这么巨大。（板书：宁静）

师：海底和海面还在哪些方面也有巨大的差异呢？

生：阳光很难射进深海，水越深光线越暗，五百米以下就全黑了。在这一片黑暗的深海里，却有许多光点像闪烁的星星，那是有发光器官的深水鱼在游动。

师：原来从海面到海底光线也有巨大的变化。（板书：光线）

（板贴：海底与海面差异大。）

生：海底是否没有一点声音呢？不是的。

师：这句话是一问一答，仔细读一读这句话就会发现它其实就是在告诉我们海底有声音。

（板贴：海底有声音。）

生：海里的动物，各有各的活动方法。

师：这一段我们直接利用关键句就可以概括。

（板贴：海里的动物，各有各的活动方法。）

生：海底的植物差异也很大。

师：这一段也可以利用关键句直接概括。

(板贴：海底的植物差异也很大。)

生：海底蕴藏着丰富的煤、铁、石油和天然气，还有陆地上储量很少的稀有金属。

师：煤、铁、石油、天然气和稀有金属这些都属于什么呢？

生：矿产资源。

师：谁能试着概括一下这一段呢？

生：海底蕴藏着丰富的矿产资源。

(板贴：海底蕴藏着丰富的矿产资源。)

师：通过大家的交流，我们发现作者从这五个方面介绍了海底世界，下面请同学们读一读大家找出的这几个方面，想一想哪几个方面写出了海底世界的景色奇异，哪几个方面写出了海底世界的物产丰富。

生：海底与海面差异大、海底有声音、海里的动物各有各的活动方法、海底的植物差异也很大这四个方面写出了海底世界景色奇异，海底蕴藏着丰富的矿产资源写出海底物产丰富。

(老师利用板书完成思维导图，指导学生完成助学单中思维导图。)

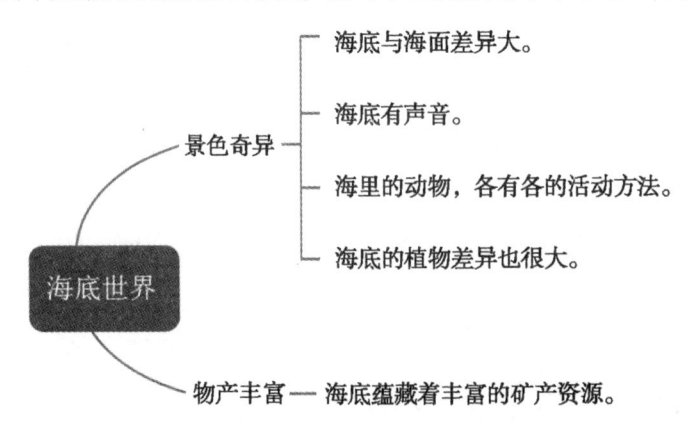

```
                    ┌── 海底与海面差异大。
                    │
                    ├── 海底有声音。
         景色奇异 ──┤
                    ├── 海里的动物，各有各的活动方法。
                    │
                    └── 海底的植物差异也很大。
海底世界
         物产丰富 ── 海底蕴藏着丰富的矿产资源。
```

师：利用思维导图，我们就可以看出来，作者从海底与海面的差异、海底有声音、海里的动物各有各的活动方法、海底的植物差异大这四个方面介绍了海底景色奇异，从海底世界蕴藏着丰富的矿产资源写出海底世界物产丰富。借助思维导图，我们就能理清这篇文章的结构了。其实思维导图不但能帮我们理清文章的结构，还能帮我们理清段落的内容，我们在接下来的学习中还会用到它。

【评析：思维导图对于很多学生来说并不是特别熟悉，学生操作起来也有一些困难，这样就需要老师分步指导，巧妙引领，在这节课中崔老师先引导学生利用先前学习过的借助关键句概括一段话主要内容的方法，概括出课文从哪几个方面写了海底世界，然后再将其进行分类归纳，最后在老师的指导下学生完成思维导图，梳理出文章脉络，清晰明了地了解到课文从哪几个方面写了海底世界。】

板块三：迁移运用思维导图，理清段落内容

师：孩子们，其实如果只看黑板上这些关键词句，我们也能知道海底世界有什么，但你能想象出海底世界是什么样子吗？

生：不能。

师：看来要想清楚地了解海底世界的样子，我们还要看看作者是如何把这每个方面写清楚的。在预习单中，老师问同学们对课文哪一段描写的海底景色最感兴趣，大部分同学选择的都是第四段。下面我们就一起来看看第四段是如何围绕"海里的动物，各有各的活动方法"这句话写清楚的。

师：同学们可以先看看我们这一段写了哪些动物，并试着总结一下它们活动起来都有什么特点。把你找到的、想到的，用思维导图的方式呈现出来，你可以用老师黑板上框架图的这种样式，也可以用你自己喜欢的方式。

（学生完成思维导图，投影展示学生的思维导图。）

生：海参，活动特点是慢。梭子鱼，活动特点是快。乌贼和章鱼的活动特点是利用水的反推力迅速后退。有些贝类活动特点是自己不动。

师：那你从哪些地方可以读出来海参活动得很慢呢？

生：每小时只能前进四米。

师：你知道四米有多长吗？四米大概就是六张课桌连起来的长度，平时我们人走过去大概只要几秒钟，但是海参呢，却要足足爬一个小时。谁能把这句话再读给大家听一下？

（生读句子。）

师：你从哪里感受到梭子鱼游得特别快呢？

生：每小时能游几十千米。

生：比普通火车还快。

师：谁和他们一样也是从这些地方读出了梭子鱼活动特点是速度极快，请你把这句话读给大家听一下。

（生读句子。）

师：章鱼和乌贼的活动特点又是从哪里读到的呢？

生：突然向前方喷水，利用水的反推力迅速后退。

师：刚才我们了解海参和梭子鱼的活动特点，不管速度快慢，他们活动的时候都是往前进的，但是乌贼和章鱼却很不一样，他们是向后退的。谁来把这个句子读给大家听一下呢？

（生读句子。）

师：那你从哪里读出贝类的活动特点是自己动呢？

生：有些贝类自己不动，却能巴在轮船底下作免费的长途旅行。

师：孩子们，我把这句话这样写好不好？（出示句子）

有些贝类自己不动，却能巴在轮船底下跟随轮船移动。

生：不好。

师：为什么不好？

生：不生动。

生：课文中的句子说贝类在作免费的长途旅行，这是把贝类当人来写了。

师：是呀，这里说贝类作免费的长途旅行就是把这些贝类当人来写了，让我们一读就感觉到很生动很有趣，而且他作的还是什么样的旅行呀？

生：免费的。

师：这样让你觉得这些贝类怎么样？

生：聪明、有趣。

师：那谁把这些有趣可爱的贝类读给大家听呢？

（生读句子。）

师：海底有那么多种动物，作者为什么偏偏写这四种呢？请你观察一下思维导图中它们的活动特点，来说说自己的想法。

生：因为它们都是最具有代表性的。

师：是的，我们发现作者写的这些动物有快有慢，有往前走的，还有往后退的，还有自己不动的，这些都是具有代表性的动物，通过选取这些最具有代表性的动物，我们能够进一步感受到海里的动物各有各的活动方法。下面咱们配合着读一读这一段，我读第一句，你们读剩下的部分。

（师生接读第四段。）

师：在刚才的学习当中，我们利用思维导图理清了这段话的内容，也清楚地了解到文章这一段是如何围绕"海里的动物各有各的活动方法"这句话写清楚的。

【评析：在这一部分的学习中，崔老师抓住课文的重点段落指导学生利用思维导图自主学习，不但理清了这段话的内容和结构，通过思维导图，也让学生更清楚地了解到这段是如何围绕第一句话写清楚的。在这段的学习当中老师充分放手，让学生利用思维导图先自己试着去梳理，在梳理完成之后，请学生上台来做展示，讲解他的思维导图，给予了学生充分学习的时间和空间。同时崔老师在引导学生学习这一段时还根据课文内容，入情入境指导学生朗读，在落实语文要素的同时也让语文课更有语文味。】

板块四：初试身手，自主学习

师：刚才我们了解了海底的动物，还有另外三个写海底景色奇异的方面，我们还没有学习，下面请同学们像我们刚才学习第四段这样，利用思维导图自主学习剩下的这几部分中你最喜欢的部分。

（生利用助学单，进一步延伸思维导图，展示助学单，交流学习发现。）

师：第三段师如何围绕"海底有声音"这个意思写清楚的呢？

生：有的像蜜蜂一样嗡嗡，有的像小鸟一样啾啾，有的像小狗一样汪汪，还有的好像在打鼾……它们吃东西的时候发出一种声音，行进的时候发出另一种声音，遇到危险还会发出警报。

师：文章这一段为了写清楚海底有声音，我们列举了这么多不同的声音，让我们真切地感受到原来海底确实是有各种不同的声音的。那海底的这些声音是大大的，还是小小的呢？

生：小小的。

师：为什么觉得是小小的呢？文章中哪个词给了你提示呢？

生：窃窃私语。

师：谁知道"窃窃私语"是什么意思呢？

生：背地里说悄悄话，小声嘀咕。

师：你生活中有没有窃窃私语的时候？

生：与好朋友说悄悄话的时候。

生：爸爸妈妈说悄悄话的时候。

师：看来呀窃窃私语就是背地里说悄悄话，那我们一起当一当海底的动物，与周围的小动物说说悄悄话吧。

（生齐读句子。）

师：第五段是如何围绕"海底的植物差异也很大"这句话写清楚的呢？

生：褐色、紫色、红色、最小的单细胞海藻、最大的海藻。

师："褐色、紫色、红色"，这是从哪个方面写了海底的植物呢？

生：颜色。

师："最小的单细胞海藻、最大的海藻"又是从哪个方面来写的呢?

生：大小。

(师指导学生修改思维导图。)

师：你能看着修改过的思维导图，再给大家介绍一下这一段吗?

生：这一段从海底植物的颜色和大小两个方面写了海底植物差异很大，颜色方面写了褐色、红色、紫色，大小方面写了最小的单细胞海藻和最大的海藻。

【评析：在这一部分学习中，崔老师放手让学生像前面那样利用思维导图自主梳理课文内容，在梳理完成之后进行了汇报、总结和交流，完成了从学方法到用方法的迁移，让思维导图真正成为了学生的学习工具，完成了从学习策略到学习能力的转化。】

板块五：拓展运用

师：通过这节课的学习，我们清楚地了解了海底世界的样子，也知道了作者是如何把他们写清楚的，最重要的是我们学习到了一种非常重要的助学策略——思维导图。课下，请同学们继续利用思维导图来学习《恐龙》这篇文章，完成阅读提示中的几个小问题，并试着用评价表格对自己的学习进行评价。

恐　龙

大约两亿年以前，地球上到处是大片大片的沼泽，深谷里、山坡上都覆盖着茂密的森林。那时恐龙到处漫游，足迹遍及整个世界。

恐龙的种类很多，形态更是千奇百怪。雷龙是个庞然大物，它的身体比六头大象还要重，它每踏下一步就发出一声轰响，好似雷鸣一般。梁龙的身体很长，从头到尾足有二十多米，走起路来，好像是一架移动的吊桥。剑龙的背上插着两排三角形的剑板，尾巴上还有四支利剑一样的尾刺。三角龙的脸上有三只大角，一只长在鼻子上方，另外两只长在眼睛上方，每只角都有一米长——这样的脸型，让任何动物都望而生畏。

鱼龙和翼龙是恐龙的亲戚。鱼龙很像今天的海豚，它能潜入水中寻找食物；翼龙身体两侧长着翅膀，展翅高飞时，如同一架在天空中翱翔的轻型飞机。

恐龙大多以吃植物为主，也有专门食肉的。霸王龙就是非常凶猛的肉食恐龙。它大脑袋，短身子，牙齿就像锋利无比的匕首。

恐龙是卵生的。恐龙蛋的外壳十分坚硬。小恐龙破壳而出以后，会得到大恐龙的细心照看，直到它们自己能够找食吃为止。

恐龙在地球上生活了一亿多年。大约在 6500 万年以前，这些恐龙突然神秘地消失了，人类至今尚未解开这个谜团。

阅读提示：

1. 朗读课文，试着用思维导图的方式说说课文是从哪几个方面介绍恐龙以及课文第二段是如何围绕"恐龙的种类很多，形态更是千奇百怪"这句话写清楚的。

2. 找出写得生动有趣的句子与同学分享，并交流喜欢的原因。

【评析：《恐龙》这篇文章语言生动，文章结构和段落结构都与《海底世界》一文有诸多相似之处，课后学生利用课上学习到的思维导图这一助学策略自主学习《恐龙》一文，不但能帮助学习理清文章脉络，同时也进一步实现了方法策略的迁移。】

板块六：运用量表，自我评价

评价标准	自我评价
我能运用本节课学习到的思维导图这种学习策略，来说说课文从哪几个方面介绍了恐龙（★★★）	
我能画出思维导图并说说第二段是如何围绕"恐龙的种类很多，形态更是千奇百怪"这句话写清楚的（★★★）	

续表

评价标准	自我评价
我能找出写得生动有趣的句子与同学分享，并交流喜欢的原因（★★★）	

【总评】

思维导图，英文是 The Mind Map，又叫心智导图，是表达发散性思维的有效图形思维工具，它简单却又很有效，是一种实用性的思维工具。崔老师在执教《海底世界》一课时，与学生一起学习了思维导图这种助学策略，并指导学生借助思维导图自主学习，给予了学生充足的学习时间与空间，真正实现了学生的深度学习、自主学习。

这一单元的语文要素是"了解课文从哪几个方面写清楚的"，就《海底世界》这篇文章来说，文章结构清晰，层次分明，非常适合用思维导图这种助学策略来学习。在前半节课，崔老师采用思维导图的助学策略，与学生共同梳理了课文从哪几个方面介绍了海底世界。此处运用思维导图的助学策略，不但能帮助学生理清文章的结构，而且也教会学生使用思维导图这种助学策略助力自己的语文学习，为实现学生在后续的学习中利用这种助学策略进行自主学习打下基础。这一部分的学习是师生的共同学习，老师主要任务是与学生一起利用思维导图这种助学策略理清文章结构，同时教会学生运用这种助学策略。在梳理完课文的结构后，崔老师又引导学生利用思维导图继续学习了课文的第四段，学生在助学单上提供的思维导图后面继续进行延伸，理清了这段话的内容和结构。同时通过思维导图，学生也更清楚地了解到了这段是如何围绕"海里的动物，各有各的活动方法"写清楚的。这一部分的学习中，学生已经实现了利用思维导图进行自主学习，但还有部分同学对思维导图的使用不够熟练，需要老师在巡视过程中进行指导。学完第四段后，崔老师又指导学生利用同样的方法自主学习了第三段与第五段，帮助学生理清文章是如何围绕"海底有声音"和"海里的植物差异很大"这两个意思将第三段和第五段写清楚的。在这一部分的学习中就基本实现了学生的自主学习，大部分同学都可以熟练地使用思维导图理清段落内容，了解作者如何围绕一个意思写清楚。这样一来，学生在思维导图的引领下，对文章的学习步步深入、层层聚焦，实现了方法的迁移与运用，将思维导图这种助学策略变成了自己语文学习的能力。这样的学习过程锻炼的不仅仅是学生提取信息的能力，还锻炼了学生概括信息、整理信息的能力。在这样的课堂里，学生接受到的知识不再是零散的，而是系统的。

通过课后整理分析学生们的思维导图，不难发现，在这节课的教学中，思维导图的使用使学生真正深入文本和课堂之中，实现了深度学习、自主学习，学生的思维水平在这节课的学习中也得到了有效提升。授之以鱼不如授之以渔，而思维导图便是崔老师这节课授给孩子们的"渔"。

（执教：崔佳星　评析：李玉玺）

三、资料助学案例

——以统编小学语文教科书五年级下册《闻官军收河南河北》为例

板块一：检查预学，初读古诗，了解诗意

1. 初读古诗，读准字音。

(学生读《闻官军收河南河北》。)

师：这位同学读得非常熟练，那这位同学你觉得在读这首诗的时候，哪个字需要提醒同学们读好？

生：卷，三声 juǎn；因为他是把诗书卷起来。

师：他是根据诗意把这个字读准确了，我们一起读"漫卷""漫卷诗书喜欲狂"。

还有哪个字需要提醒读准确？

生：衣裳的"裳"读"cháng"。

师：谁能说说为什么？

生1：考虑到押韵，所以读"cháng"。

生2：这个字古今意义不一样，古时候的"衣裳"意思是指上衣和下衣，今天指衣服。

2. 检查预习，抓住古今意义发生变化的词语粗知大意。

师：这位同学很会学习，他通过查找资料知道了一些字古今意思不一样，在这首诗里还有一些字古今的意思不一样，你发现了吗？

生1：青春，在古代是春天，今天是指少年。

生2：妻子，在古代是妻子和孩子，今天只指妻子。

生3：河南河北，在古代指黄河的南北，在今天指两个省份。

师：这位同学还知道了古诗里面的"河"指的是黄河，在古诗里"江"一般指长江。还有其他的吗？

生：涕泪，古代指眼泪，今天指鼻涕和眼泪。

师：同学们，我在地图上找到了诗中提到的一些地名，剑外是杜甫写这首诗的地方，杜甫的家乡在洛阳，当时被叛军占领的地方叫蓟北，也是诗中提到的收复的地方。我们了解了古诗中古今意义不一样的一些词语，同学们看一下注释，借助注释学习古诗是我们应该具备的一项能力，看看能不能借助注释说说诗的意思。

生1：杜甫听说要收复河南河北非常高兴。

生2：杜甫知道朝廷收复了失地，就想收拾东西赶紧回到家乡。

生3：杜甫知道收复失地后，急急忙忙地带着妻子和孩子回家。

3. 借助历史背景资料理解古诗。

师：同学们基本上都能大体上知道诗歌的意思，老师给大家准备了一份助学单，大家拿出来，上面给大家提供了一些非连续性文本，大家看的时候注意，老师给大家提供的表格有两栏，一栏是唐朝历史，一栏是杜甫生平，大家学的时候要从这些非连续性文本里面提取到相关信息，看看对理解我们这首诗有什么帮助，大家看助学单的时候注意横着看，和杜甫的生平结合起来，利用这个助学单看看你对这首诗有什么新的理解，你可以标一标，写一写。

学生自学，教师巡视点拨：通过资料，在下面写写对这首诗新的理解。

唐朝历史	杜甫生平简介
盛唐：（公元712年—公元755年）	公元712年杜甫出生。
公元712年，唐玄宗李隆基继位，缔造了"开元盛世"。	公元712—745年（35岁前）壮游时期。
公元755年，安禄山、史思明发动安史之乱。	三次壮游祖国山河，其中25岁到达父亲任职的山东境内，写下了《望岳》一诗。
战乱持续时长近8年，在这期间唐朝人口因为战乱而牺牲约3000万，占整个唐朝总人口的1/3。战乱使社会遭到了一次空前浩劫，整个黄河中下游人迹罕至，荒凉一片，广大困苦的百姓流离失所，无家可归。安史之乱让唐朝从盛世走向了衰败。	公元746—755年（35岁—44岁）困守长安时期。
	公元756—759年（45岁—48岁）陷贼与为官时期。
	公元757年，安史之乱之后，杜甫看到长安城的萧条零落写下了《春望》这首诗。
	他从洛阳返回华州的途中，见到战乱给百姓带来的无穷灾难和人民忍辱负重参军参战的爱国行为，感慨万千，便奋笔创作了不朽的史诗——"三吏"（《新安吏》《石壕吏》《潼关吏》）和"三别"（《新婚别》《垂老别》《无家别》）。
公元763年，安史之乱结束。	公元759—770年（48—59岁）漂泊西南时期。
	公元759年，漂泊西南，公元761年，49岁创作了《茅屋为秋风所破歌》。
	公元763年，51岁听到唐朝军队收复叛军写下了《闻官军收河南河北》；
	公元770年冬，杜甫去世，时年59岁。

（学生阅读资料学习之后交流学习所得。）

生：杜甫知道安史之乱结束了，想带着妻子和孩子赶紧回家。

师：这位同学读到了当时的历史背景——安史之乱。

生：安史之乱带给了人民苦难，战乱结束诗人由衷高兴。

生：杜甫后半生几乎是伴随着唐朝的战乱而苟且偷生。

生：杜甫经历那么多的痛苦，终于看到胜利，当然是高兴的。

生：杜甫想着收复了失地，想着快点带妻子和儿女回到自己阔别多年的家乡。

师：同学们都感受到了杜甫兴奋的心情，下面请一位同学来读读古诗。

（指名朗读古诗。）

师：读得非常正确，但是我还没听出杜甫的高兴，没关系，下面我们来看看这首诗是怎么写出了杜甫那种高兴的心情。

板块二：课始助学，抓住词语，感受诗人内心

师：我们来看第一句，第一句有吗？

生：杜甫十分高兴，我从"涕泪""满衣裳"看出。

师：老师把这两个词语圈出来，从这个词语看出了杜甫的心情，同学们看看这属于什么描写。

生：这是对诗人神态动作的描写，作者喜极而泣。

师：我把这几个词语写下来，我读这首诗的时候是这么学的，和这个同学差不多，我把里面的词语圈了出来，做了批注，还把诗人的心情写了下来。我还做了件事情，查了杜甫的资料，知道杜甫这八年的不容易，搜到了他在逃亡路上写的一首诗，他在诗里这样写道：痴女饥咬我，啼畏虎狼闻。孩子都饥饿地咬他，经历过这种痛苦的杜甫，听到胜利的消息后，一定会情不自禁地"初闻涕泪满衣裳"（课件出示），谁来读？

（学生读诗句。）

师：下雨的时候诗人狼狈不堪的样子是这样的，谁来读？

（生读"既无御雨备，径滑衣又寒"。）

师：那你说他听到这胜利的消息后能不"初闻涕泪满衣裳"（课件出示）吗？在路上没有东西吃，"野果充糇粮，卑枝成屋椽"，颠沛流离，他

听到胜利的消息后一定会——（课件出示：初闻涕泪满衣裳）

（学生接读"初闻涕泪满衣裳"。）

师：我就是通过这种方式深深感受到了为什么杜甫喜极而泣，我现在把这种方法教给你们。我们通过抓关键词找到对诗人的描写，体会诗人的内心情感并做一下批注。请你用这种方法来批注学习这首诗剩下的几联，找出关键词语圈画出来，在旁边批注诗人的心情，开始吧。

（学生进行迁移学习。）

板块三：课中引学，走进诗人内心，感受诗人情感

师：同学们，第二联你注意到了哪个词语？

生："喜欲狂""愁何在""漫卷"。

师：这是对作者的什么描写？

生：神态描写、动作描写。

师：我们试着通过动作和神态描写读出诗人的心情。

（学生齐读"却看妻子愁何在，漫卷诗书喜欲狂"。）

师：你想到了哪个词？

生：欣喜若狂。

师：那你能不能读出诗人这种"喜欲狂"？

（生读"却看妻子愁何在，漫卷诗书喜欲狂"。）

师：为什么高兴得发狂呢？老师给大家提供了三首诗，请大家翻到助学单（二），这三首诗是杜甫在安史之乱中的所见所感，他写出了自己看到的不幸，自己遭遇到的痛苦，读完后你就能感受到为什么他"喜欲狂"，请你一边读一边标画出他经历了哪些痛苦。

（学生利用助学单进行自学。）

师：根据老师的学习方法，大家默读古诗，看看每一联古诗中表达了诗人什么样的内心情感，从哪个词中能读出，想一想这是对人物哪一方面的描写？请你在古诗的旁边做上批注。老师为你提供了几首古诗，请你展开想象，此时他会想到什么，才会出现这样的表现呢？

(学生做批注学习后汇报。)

生：诗人目睹了国家沦陷之苦，写出了诗人当时十分悲痛的心情。

师：这位同学回答正确，国家经受了战乱之苦。

生：诗人目睹了长安城被叛军焚掠一空之苦。

师：是啊，国家破败不堪因为是安史之乱，第二首呢？

生：诗人目睹了生死离别之苦。

师：是啊，他目睹了老百姓之苦。第三首呢？

生：诗人遭受的颠沛流离之苦。

师：一场战乱让国家、百姓、个人遭受了这么多苦难，如今胜利的消息传来了，这些苦难都将结束了，杜甫可能想到什么而欣喜若狂？

生：想到自己可以为国家效力了。

生：想到痛苦的日子快要结束了。

师：想到自己和百姓的痛苦的日子都要结束了。

生：为国家感到高兴。

生：他可以回到洛阳城安度晚年。

师：同学们，我们可以感受一下，当时安史之乱让国家破败不堪，他在《春望》中这样写道——

(生朗读古诗《春望》。)

师：国家经历了安史之乱，随着胜利的消息传来，将迎来"锦江春色来天地，玉垒浮云变古今"的局面，因此杜甫更为国家而喜——请一位同学读《闻官军收河南河北》前两句。

师：安史之乱给广大人民带来的深重灾难，杜甫暮投石壕村，目睹了有吏夜捉人，他写道——

(一学生读《石壕吏》节选。)

师：如今战争结束了，百姓不再受这种痛苦，他一定非常高兴。

(一学生读《闻官军收河南河北》前两句。)

师：八年的颠沛流离生活，杜甫经历的是这样的生活。

（一学生接读"布衾多年冷似铁，娇儿恶卧踏里裂。床头屋漏无干处，雨脚如麻未断绝"。）

师：如今胜利的消息传来后，杜甫不仅为国喜，为民喜，也为自己喜，所有的喜都融在了这首诗里。

（生齐读《闻官军收河南河北》前两句。）

师：杜甫当时会是怎样的一种心情，如何表现出来的，我教同学们一个方法，如果你读的时候，加上你的想象，后面加上一个什么字能表现出诗人的心情。比如"剑外忽传收蓟北啊，初闻涕泪满衣裳啊！"谁来试试。

（两名学生试读。）

师：读出了诗人的心情，再教大家一种方法，我们把这几个字重复一下，也能把诗人的心情读出来，试着读一读。

学生齐读：剑外忽传收蓟北。收蓟北。

初闻涕泪满衣裳。满衣裳。

却看妻子愁何在。愁何在。

漫卷诗书喜欲狂。喜欲狂。

师：同学们读的时候，前面这三个字读得快，后面的也要快，咱们男同学和女同学合作读一读，下面的老师也可以读读。

（男女生合作读。）

师：如果我们展开想象，用不同的方式就可以把诗人的心情读出来。我们回到这首诗，刚才我们找到了诗人的动作和神态，写了诗人的心情，第三句中有没有，你找到了哪个词语？

生："放歌""纵酒""还乡"。

师：他找到了这三个词语（黑板圈画），同学们，我查了下资料，他写这首诗的时候是公元763年，杜甫已经是51岁，并且他身患多种疾病，有糖尿病、白内障，但是他听到胜利的消息后做的事情却是——

生："放歌""纵酒"。

师：什么是"放歌""纵酒"？

生：大声地唱歌，随心所欲地喝酒。

师：他年龄这么大，那么多病，允许他这样做吗？

生：不允许，但是他已经高兴得忘记了。

师：用一个词形容就是——

生：喜不自胜。

师：我们写上，他不但放歌纵酒，还要还乡。我们齐读第三句。

（生齐读。）

师：他又是怎么想的呢？

（生齐读最后一句。）

师：他回家的心情如何？是激动吗？

生：舒畅、急切。

师：从哪里看出急切的心情？

生："即""从""穿""下""向"。

师：诗人想快点回家，这是对他的心理描写，再读这句，读出这种急切。

（生齐读最后一句。）

板块四：体会"喜欲狂"的爱国情感

师：学到这里，你觉得杜甫是一个怎样的诗人？

生1：是一位爱国、关爱老百姓的诗人。

生2：杜甫是一位爱国的诗人。

师：读到这里，我们知道诗人为什么称为"诗圣"，所写的诗称为"诗史"。他把对国家、对百姓的情感都寄托在了这首诗里，谁来读一读？

（一学生配乐朗读。）

师：爱国是一个亘古不变的主题，为了纪念诗人，我们一起背背这首诗。

（学生齐背古诗。）

师：我们通过这些描写读出了诗人的内心情感，这节课就上到这里，下课!

【总评】

一、把握教材理念，落实语文要素

该首古诗是统编语文教材五年级下册第四单元第一课《古诗三首》中的最后一首。本单元的人文主题是"责任"，语文要素为：一是通过课文中动作、神态、语言的描写，体会人物的内心；二是尝试运用动作、语言、神态描写，表现人物的内心。鉴于学生四年级上册第六单元学习过通过人物的动作、语言和神态体会人物的心情；四年级下册第七单元学习了从人物的语言、动作等描写中感受人物的品质。本单元体会的角度更加多元，需要学生对人物的内心体会更加丰富、细腻和深入。在本单元中能力梯度有了提升，指向了尝试将习得的方法进行运用，从学习提升到了迁移运用。

结合本首古诗的特点，注重语文要素的落地。古诗教学不再脱离单元而进行独立教学，要认真落实编者选编文本是落实语文要素、培养学生语文能力载体的理念。教学设计不追求古诗教学创新，不过度追求教师教的艺术。要认认真真解读教材，把握单元整体，以大观念来审视教学，让语文要素在课堂教学中真实落地。在课堂教学中抓住诗句中有关描写诗人神态、动作和心理的词语，让学生通过批注走进人物内心，继而通过朗读表达出人物内心，这是本节课学习的重中之重。

二、把握生本理念，落实自主学习

突出课堂学生学习主体地位，是笔者在课堂教学中致力追求的理想课堂状态。笔者主张课堂上一定要"让学"，让学生有学习的机会，让学生有学习的空间，让学生有学习的时间，避免教师的讲解代替学生的学习。在本节课中设计课前预学——了解诗人基本情况；在课初始让学生借助课文注释和教师提供的背景资料学习——了解古诗；在课中让学生默读古诗，通过教师给予的学习方法，抓住诗句中关键的词语体会诗人内心并进行批注——走进诗人内心；在课尾让学生阅读补充的古诗全面了解诗人，对比诵读——体会诗人"喜欲狂"的爱国主义情感。这样的教学环节设计，旨在有效落实学生在课堂中真实的学习，转变教师以教为主的课堂传统理念。

三、把握有效课堂，落实助学理念

课堂本应该是学生学习发生的地方，教师应该是学生学习动机的催生者，学习行为的助推者。笔者主张课堂"教学"应转变为"助学"，这样才能让课堂从虚假学习走向真实学习，让学生学习从浅表迈向深度，让学生的思维有高阶发展。在本节课努力体现"用心补充背景资料助学生走进古诗内容；精心拓展相关古诗，进行对比阅读助学生走进诗人内心"。

本首古诗的教学中，如何让学生走进诗人的内心，真切地体会到诗人"喜欲狂"的心理是学习的难点，学生能从字面感知诗人的高兴，但是难以体会诗人如此高兴的真正原因。如何搭建起走向诗人内心的桥梁，成为了本节课助学的关键所在。教学中笔者为学生设计了展开联想杜甫相关古诗的方法，走进诗人那段特殊历史背景下的内心。课始，笔者利用安史之乱爆发之后杜甫描写逃亡惨状的古诗《彭衙行》来反衬诗人听到胜利喜讯之后的"喜极而泣"。教学中引入诗人所写的安史之乱给国家、百姓和个人造成的悲惨现状的《望岳》《石壕吏》《茅屋为秋风所破歌》三首古诗，通过互文阅读的方式，让学生不仅体会到诗人的家国情怀，还让学生真切感受到诗人经历战争时越痛苦，获得胜利之后的心情就越喜悦。一番对比阅读之后，诗人为国喜、为百姓喜、为个人喜的"喜欲狂"心情便跃然纸上，学生通过阅读诗人不同时期的诗作体会到了诗人内心的情感。从课堂效果来看，学生得到了发展，不断深入地感受到了诗人内心情感。这就是助学的价值，实现了学生从浅表学习向深度学习的迈进。

长期以来，学生在教师"以讲代学"的理念下，造成了学习能力的弱化，学习习惯的丧失，学习素养的不足等问题，出现了不会学、不能学的现象。今后的课堂不应该一味地关注教师如何"教"，而应该关注学生如何"学"，教师的"教"如何为学生的"学"服务，教学如何艺术地"助学"，促进学生学习真实地发生。本节课是笔者助学课堂理念的一点实践，由于理念不够成熟，助学策略有待优化，课堂还存在较大提升空间。需要特别说明的是，本节课得到了山东省教科院李家栋老师的亲自点拨，收获颇多，但由于个人能力问题，未能将导师的理念得以充分体现，深感遗憾。

（执教：李玉玺　评析：山东省教育科学研究院　李家栋）

四、读写融通助学案例

——以统编小学语文教科书五年级下册《手指》为例

学习任务一：学习字词，积累语言

1. 分组、分类出示词语，落实字词学习。

师：课文已经预习过，下面我们来检查词语的认读情况，课件出示第一类词语：

身体矮胖　头大而肥　构造简单

姿态不窈窕　直直落落

相貌堂堂　曲线优美　养尊处优

体态秀丽　样子可爱

（学生认读。）

师：读完这一组词语之后你有什么发现吗？

生：这些都是描写手指姿态的词语。

生：四行词语分别是描写大拇指、食指、中指、无名指和小指的。

师：看来大家已经把课文预习得比较充分了，下面我请一位同学领读以下词语。

课件依次出示以下词语：

抚琴身　抵住水　按住血　顶重物　翻书页　撳电铃

推笔杆　打电话　扳枪机　打算盘　拧螺丝　解纽扣

碰到物　研脂粉　蘸药末　戴戒指　掏耳朵　抹鼻涕　作兰花

(学生领读词语积累。)

师：读了这些词语你又有什么发现？

生：这些都是描写手指作用的词语。

生：这些词语第一个字都是动词。

2. 词语拓展，为小练笔做好铺垫。

师：好的，同学们，生活中我们经常会用到这样的词语，请你从五官当中选择一个，用这样的词语说一说它的作用。（课件出示：嘴巴、眼睛、鼻子、耳朵和眉毛）

生：嘴巴（吃东西、喝饮料、说大话、尝滋味、吸空气、护牙齿）

眼睛（看东西、认事物、读报纸、赏风景、学知识、传感情）

鼻子（吸空气、嗅气味、架眼镜）

耳朵（听声音、戴眼镜、挂口罩）

眉毛（护眼睛、传情感、美容颜）

学习任务二：学习课文，了解五根手指的姿态、作用与性格特点

1. 做好小裁判：比比五根手指谁最美。

师：下面请同学们默读课文，从课文中画出描写五根手指的句子，然后从课文中找出一个描写他们形态的词语写在表格内，并给五根手指排排队。

（学生默读课文自主学习，标画描写五根手指姿态的句子，完成表格。）

师：我们先看看大家选出最美的冠军手指是谁？说说你的理由。

生：中指。因为他的地位最优、相貌最堂皇。

师：的确如此，你觉得我们的五官中谁的地位最优？

生：鼻子吧。

师：请同学们读读有关描写中指姿态的句子。

（生读文。）

师：屈居亚军的是谁呢？

生：无名指和小指。

师：我们按照姿态的优美程度来读读描写他们的语句吧。

课件出示：

五指中地位最优、相貌最堂皇的，无如中指。他居于中央，左右都有屏障，他个子最高，无名指、食指贴身左右，像关公左右的关平、周仓，左膀右臂，片刻不离。他永远不受外物冲撞，所以曲线优美，处处显示着养尊处优的幸福。

无名指和小指，体态秀丽，样子可爱。

常与大拇指合作的是食指。他的姿态可不如其他三指窈（yǎo）窕（tiǎo），都是直直落落的强硬的曲线。

大拇指在五指中，形状实在算不上美。身体矮而胖，头大而肥，构造简单，比人家少一个关节。

2. 当好评论员：哪根手指你最爱。

师：刚才我们评选了最美手指，最美的手指是你最喜欢的吗？如果你是一个评论员，你想从哪些方面来评价他们？

生：最美的，不一定是最爱的，我们应该从他们所做的事情来评价。

师：那好，请你再次默读课文，分别画出五根手指所做的工作，分别找出体现他们像人一样性格特点的句子或词语填在表格内。

（学生默读课文，自主学习，标画有关句子，完成表格填写。）

师：我们一起交流一下，看看你都找到哪些句子？

生："但在五指中，却是最肯吃苦的。例如拉胡琴，总由其他四指按弦，却叫他相帮扶住琴身；水要喷出来，叫他死力抵住；血要流出来，叫他拼命按住；重东西翻倒去，叫他用劲顶住；要读书了，叫他翻书页；要进门了，叫他揿电铃。"

生："他的工作虽不如大拇指吃力，却比大拇指复杂。拿笔的时候，全靠他推动笔杆；遇到危险的事，都要他去试探或冒险；秽物、毒物、烈物，他接触的机会最多；刀伤、烫伤、轧伤、咬伤，他消受的机会最多。

他具有大拇指所没有的"机敏",打电话、扳枪机必须请他,打算盘、拧螺丝、解纽扣等,虽有大拇指相助,终是要他主干的。"

生:"每逢做事,名义上他是参加的,实际并不出力。他因为身体最长,取物时,往往最先碰到物,好像取得这物是他一人的功劳,其实他碰到之后就退在一旁,让大拇指、食指去出力,他只在旁略为扶衬而已。"

生:"无名指本身的用处多用于研脂粉、蘸药末、戴戒指。小指的用处则更渺(miǎo)小,只是掏掏耳朵、抹抹鼻涕(tì)而已。他们也有被重用的时候,在丝竹管弦上,他们的能力不让于其他手指。舞蹈演员的手指不是常作兰花状吗?这两根手指正是这朵兰花中最优美的两瓣。除了这等享乐的风光事以外,遇到工作他们只是其他手指的附庸。"

师:我们看看他们分别像人一样性格的特点。

生:大拇指最肯吃苦,食指机敏,中指养尊处优,无名指和小指是附庸。

师:那么你作为评论员,你最爱谁?为什么呢?

生:当然是大拇指,最肯吃苦,任劳任怨。

师:那你想到了生活中从事哪些工作的人?

生:清洁工、抗疫人员等。

师:这当然是我们最爱的人了,能吃苦,讲奉献。

任务三:体会课文语言表达特点,尝试学习表达

1. 以第二段为例,体会语言幽默表达方式。

师:刚才我们完成了两个小任务,评选了最美手指,评选了最爱手指。接下来,我们看看作者怎样把他们写得如此生动的。我从百度上找到了对大拇指的解释,请大家读读:

(教师出示图片。)

师:大家再读读课文的第二自然段(课件出示),都是对大拇指的描写,看看有什么不同?你喜欢哪一种?

生:第一种就是对大拇指直白的解释,课文是把大拇指当成人来写。

师：哪些地方看出来？

生："身体矮胖""头大而肥""最肯吃苦"等。

师：赋予了人物的特点就生动了。（板书：拟人写）

师：再看看还有发现吗？

生：课文说大拇指作用的时候，还举了例子。

师：非常好，用举例子的方式，说明作用大，这是另一处语言表达的特点，（板书：举例写）这段作者写得非常棒，我们一起合作读一读，我读前面的，同学们读后面的。

（课件出示：师生合作读文。）

师：同学们，你看看作者举了若干个例子，叫他……叫他……叫他……从中你感受到了什么？

生：什么都叫他干，他就干，读出了大拇指任劳任怨的形象。

师：是啊，这就是作者语言表达的艺术，另外如果我省略这几个词语，你再读读，看看有什么发现？

课件出示：

水要喷出来，叫他抵住；

血要流出来，叫他按住；

重东西要翻倒去，叫他顶住。

生：丢掉了"死力""拼命""用劲"等词语这样就表现不出大拇指的吃苦了。

生：这些词语生动地写出了大拇指的劳苦形象。不仅任劳任怨，而且劳苦功高。

师：这是对大拇指的功劳和作用的夸大，夸大特点。（板书：夸大特点）

师：我们再来齐读这一段，品一品作者写作的特点吧。

（生齐读课文。）

师：你们注意到这一段的最后，作者还描写了其他四个手指，这是怎样的表达?

生：这是对比。

(板书：对比写。)

师：这一段作者一开头直接描写大拇指的外形，后面具体描写他的四指，这就是我们前面学习的一段话如何围绕一个中心句进行描写。我们也要注意学习运用。

师：我们读到这样的文字，自然就会觉得很好笑，这就是丰子恺先生的语言特点。这正如一种绘画的艺术表达，这是我的一位朋友，这是另一位朋友给画的像，大家觉得哪里好笑？

生：夸大了人物的脸，特别好笑。

师：这就是漫画的艺术效果，其实丰子恺也是一位漫画大师，你看他的作品，第一幅哪里可笑？

生：作者把车轮糊成了扇子。

师：这就是联想的效果。再看这一幅哪里可笑？

生：把南瓜画得太大了。

师：这就是夸张的效果。课文里作者采用同样的艺术方法，由大拇指联想到了任劳任怨的人物，夸大了他们吃苦耐劳的性格特点，我们读起来就觉得十分好笑，这种表达方式就叫"漫画式表达"。（板书：漫画式表达）

2. 迁移运用，尝试表达。

师：刚才我们以第二自然段为例，体会了作者的漫画式的表达方式，后面的段落都具有共同特点，（课件出示表格）下面请同学们根据这样的表达方式，尝试着从我们的五官当中选择一个，写一段话。注意模仿课文的表达方式。

幽默风趣的语言			
表达结构特点	总分式		☆
漫画式的表达	夸大特点	联想	☆
		拟人写	☆
		举例写	☆
		对比写	☆

(生尝试写作，之后汇报交流。)

生1：嘴巴在五官中，算不上美。但在五官中，却是最有作用的。肚子饿了，叫他吃；人感到口渴了，叫他喝；鼻子不通气了，叫他呼吸；碰到朋友，叫他说话。

生2：在五官中站在中间的是鼻子，他最能引人注目。他虽然不像眉毛一样好看，可是在我们的生活中，没了他是万万不能的。例如，在妈妈做好饭后，是他第一时间闻到香味；我们走到丛林时，是他闻到清新的空气；家里煤气泄漏，是他闻到煤气，让我们摆脱危险。

生3：眼睛，体态扁圆，炯炯有神，坐在鼻子上面。说他是心灵的窗户，事实就是这样：眼睛让我们看到了这个美丽的世界；让我们读到文字，学到知识；眼睛还教会我们如何传递感情……如果我们失去了眼睛，那生活就会失去色彩，看不到好吃的，玩不了手机，连上厕所都会是一个麻烦的事。

师：这三位同学各写一处，模仿了课文某一项表达方式，效果比较好。课下我们根据评价表格继续修改，争取多用上几种表达方法，效果会更好。

师：下一节课，我们再回到整篇课文，来看看开头和结尾，作者究竟想表达什么呢？下课！

板书：

手　指

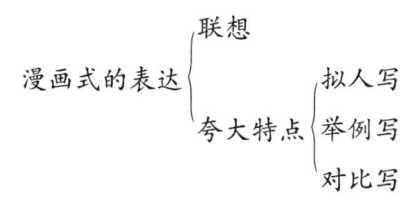

漫画式的表达 { 联想；夸大特点 { 拟人写；举例写；对比写 }

【总评】

新颁布的《义务教育语文课程标准（2022年版）》较十年前的修订版课程标准最大的变化无疑是关于语文教与学的变革。新课标明确了义务教育阶段语文核心素养的概念，提出了学习任务群的概念，制定了学业质量标准，强化了过程性评价促进学生学习和改进教师教学的导向作用。新课标的理念如何落地，如何在原有教改成果的基础上守正创新，《手指》一文的教学给出了答案。

一、语言文字的学习与运用，凸显语文学科性质

新课标指出：语文课程是一门学习国家通用语言文字运用的综合性、实践性课程。课程的学科性质再一次被明确，语文学科必须打好语言文字学习的基础。新课标明确了核心素养的概念，是在学生积极的语文实践活动中积累、建构并在真实的语言运用情境中表现出来的，文化自信、语言运用、思维能力和审美创造的综合体现。那么，这一观念如何在语文课堂上落地，才会让语文课的性质得以体现呢？在《手指》这篇课文的学习中，笔者设计的第一个学习任务就是指向语言文字的积累，共分为两个教学环节：一是分组、分类出示词语，发现词语规律，落实字词学习；二是词语拓展，为小练笔做好铺垫。这一学习任务设计的目的其一，向课文学习对手指外形和功能的描写，特别是采用动宾结构的三字词语，做到语言的学习；其二，利用真实的人物情景进行迁移学习，做到词语的积累，又为后面的学习做好铺垫。

二、学习任务群的建构，改变教与学的形态

2022版义务教育语文课程标准分三个层次设置了学习任务群，其核心

指向是转变课堂学习方式，实现从"教"向"学"的理念。学习任务群旨在改变传统教材中适合教师教的"静态知识点与能力点的线性排列"，转变为以任务驱动适合学生学习需要的"动态的语言实践过程"。（郑国民在新课标解读报告中观点）学习任务群追求真实的语文情境，整合的学习主题和典型的语文实践三个特征，最终指向学生语文素养的提升。《手指》一文是丰子恺先生用漫画式的语言，生动刻画出了五个手指鲜明的形象，本课的语文要素是感受课文风趣的语言。这样的文章采用传统的教学方式，一般流程为教师讲解课文，引导学生品析语言感受其风格。在新课标的理念下要实现"教的突破"和"学的转变"，因此，在课堂学习中，笔者设计了小的学习任务，构建了学习任务群：一是从外形特点评选最美手指，二是从功能与作用评选最受喜欢的手指，实现从"教"向"学"的转变。

三、动态的语言实践，提升学生语文素养

新课标提出了核心素养的概念，特别指出学生的思维能力、审美创造、文化自信都以语言运用为基础，并在学生个体语言经验发展过程中得以实现。学习语言重在迁移内化，在本课的学习任务中，仿照课文从人的五官中选一个，写一段话，这就是典型的迁移运用，指向语言的学习。事实上，让同学们学习丰子恺先生漫画式的语言，难度非常大。漫画式的语言是作家的语言风格，一位大作家的语言风格，学生学不来。那么作者什么样的表达特点是学生能学会并且能迁移运用的呢？在梳理作者表达特点时，拟人写、举例写、排比写、夸张写等语言的表达方式显然能够被学生学习，也能够迁移。通过学生现场真实的表达可以看出，学生已经掌握拟人写、举例写以及排比写等表达特点，取得了较好的表达效果，读写结合的动态语言实践达成了高质量的语言学习，从中提升了学生的语文素养。

四、嵌入式的过程评价，促进学生学习

2022年版义务教育语文课程标准指出：过程性评价重点考查学生在语文学习过程中表现出来的学习态度、参与度和核心素养的发展水平。课标还强调过程性评价应有助于教与学的及时改进。笔者认为过程性评价最大的价值和意义是"以评促学",用评价的方式规范学生的学习行为和学习状况,按照相应的量规进行学习方式的改进、学习内容的调整等,最终达成预设的学习目标,真正落实"教—学—评"的一致性。在本课教学中以描写大拇指的段落为例子,梳理作者风趣幽默语言的表达特点:拟人写、举例写、排比写、夸张写、对比写等。同时在段落结构上梳理出作者采用总分式,先总写大拇指特点后分写,把大拇指的形象刻画得淋漓尽致。在梳理语言表达特点时评估量规就形成了,为后面学生迁移表达建构了评价标准。学生完成语言训练后,采用这一评价量规,对自己的作品进行评价、修改。把过程性评价镶嵌进课堂,一是评价有了量规依据;二是以评价量规进行改写,达成了以评促学目的;三是评价促目标达成,实现了教学评的一致性,提升了课堂质量。

新课标向我们传递出语文课堂教学变革的新趋向,在语言文字学习中提升核心素养,在课程内容的变化中带动教与学方式的变革。然而,这样的教学理念需要落实到一节一节的语文课中,一篇一篇的文本学习中,做到日积月累,方才厚积学生语文核心素养。

(执教:李玉玺　评析:湖南第一师范学院　黄朝霞)

五、评价助学案例

——以统编小学语文教科书三年级下册《陶罐和铁罐》为例

学习目标:

1. 学习本课生字词,利用相关学习方法体会词语的意思。

2. 结合课文词语理解,学习借助提示语有感情朗读的方法,体会陶罐和铁罐的性格特点。

3. 理解课文内容,明白所蕴含的道理。

学习任务一:字词学习

1. 字理识字"罐"导入新课。

师：这是"罐"这个字的小篆体，右边的"雚"指的是长嘴巴的鸟，专指易于灌装的容器。

因材质不同名称也不相同，用铁做的叫——

生：铁罐。

(师板书。)

师：用陶瓷烧制的叫——

生：陶罐。

(师板书。)

师：用玻璃制作的叫——

生：玻璃罐。

师：我们今天就来学习关于陶罐和铁罐两个罐子的一个小故事。我们来读读他们的名字，感受一下有啥不同：

陶罐——陶罐儿——陶罐子

铁罐——铁罐儿——铁罐兄弟

生：加儿化音很喜欢，加上"子"有点生硬，加上"兄弟"感觉亲切。

师：让我们一起来读读，体会一下。

2. 认读词语。

师：我们预习了课文看看这一组词语认识吗？

(出示：骄傲　傲慢　轻蔑　恼怒)

(生领读词语。)

(师出示第二组：谦虚　光洁　朴素　美观)

(生认读。)

师：读完两组词语你有啥发现吗？

生：第一组是描写铁罐的，第二组是描写陶罐的。

师：课文里面有一个词语，写出他们相处的关系。

生："奚落"。

师：猜猜看铁罐经常对陶罐说什么？

生：长得丑，怕摔碎……

师：这种看不起别人、嘲笑、讽刺、挖苦就叫奚落。这样和人相处可不受欢迎。

3. 理解词语。

师：我们正确认读词语只能得到一颗星，只有理解了它的意思，做好规范书写才能得到两颗星，（出示评价表）下面几个词语（傲慢、轻蔑、恼怒）你理解它的意思吗？你想个办法告诉我，你理解他们的意思。

生1：我是利用找近义词的方式理解"傲慢"，傲慢和骄傲是近义词。

生2：我利用拆分组合的方式理解"恼怒"，恼，是生气；怒，是发怒。恼怒就是生气而发怒。

师：老师这里有这几种方法你可以试试，找反义词；用它说一句话；可以试着表演出来。

生：带着恼怒的样子表演说："你拿我东西干嘛！"

师：从这位同学的表演来看，她理解了恼怒的含义。

学习任务二：学习有感情朗读课文

1. 理清课文段落。

师：我们理解了词语，下面我们一起走进这个小故事，先请大家自由朗读课文，课文里面有两幅图，看看哪些段落是描写第一幅图的，哪些段落是描写第二幅图的？

生：（读文后回答）1—9描写第一幅，10—17描写第二幅。

2. 指导学生运用提示语读好铁罐的话。

师：这篇课文有一个特点就是对话多，我们先来看看第一部分，我把他们两个说的话挑了出来，请大家读读。

第七章　助学课堂的实践样态　　183

（生自由读之后，师指名读对话。）

师：这个同学做到了读正确。关于朗读我觉得读准确、读通顺只能得到一颗星。只有读出感情才能得到两颗星。（出示评价表）下面你想想怎样才能把对话读出感情。

生1：反复读几遍。

生2：分角色朗读。

生3：配上音乐朗读。

师：你们的办法都不错，老师这里也有三个方法，可以帮助你们读出感情：想象文字描写的情景；把自己当成故事中的人物；借助提示语。结合这篇课文的特点，利用好提示语是一个好方法。

师：我们以铁罐的话为例，试试把提示语加上，看看能不能读出感情。

铁罐傲慢地问："你敢碰我吗，陶罐子！"

铁罐带着更加轻蔑的神气说："我就知道你不敢，懦弱的东西！"

铁罐恼怒了，说："住嘴！你怎么敢和我相提并论！你等着吧，要不了几天，你就会破成碎片，我却永远在这里，什么也不怕。"

铁罐说："和你在一起，我感到羞耻，你算什么东西！走着瞧吧，总有一天，我要把你碰成碎片！"

（生试读。）

师：对比刚才的朗读有进步了，但是最后一段话中没有提示语，想一想该怎么加。先看看前面这几个词。

（出示：傲慢—轻蔑—恼怒）

（生读词语。）

师：你有什么发现？

生：铁罐越来越生气。

师：我们看出了铁罐的情绪变化，接下来的情绪会怎样？谁来试着读一读？

（生读文"和你在一起，我感到羞耻，你算什么东西！""走着瞧吧，总有一天，我要把你碰成碎片！"）

师：想想铁罐的情绪变化，加一个什么样的提示语合适呢？

生：破口大骂道，愤怒，气急败坏……

师：那咱们一起合作着把铁罐的话读一读，老师读提示语，一名同学读文字。（师生合作读文。教师借助提示语中有关词语的意思，可以加上合适的动作和表情，体会人物心情，让学生读出语气。）

师：读到这里，铁罐给你留下了什么印象？

生1：铁罐特别骄傲。

生2：铁罐有点不讲道理，特别暴躁，容易和别人吵架。

师：大家从铁罐说的话里面所有使用的标点有什么发现？

生：使用的感叹号最多。

师：除了语言，标点符号也能表达铁罐骄傲、霸道的性格。咱们一起合作着再读读，注意提示语和标点，把铁罐的性格表达出来。

3. 迁移运用，指导学生读好陶罐的话。

师：我们再来读读陶罐的话——

课件出示：

陶罐谦虚地回答："不敢，铁罐兄弟。"

陶罐争辩说："我确实不敢碰你，但并不是懦弱。我们生来就是盛东西的，并不是来互相碰撞的。说到盛东西，我不见得就比你差。再说……"

陶罐说："何必这样说呢？我们还是和睦相处吧，有什么可吵的呢！"

师：我们合作着读一读。老师读提示语，一名同学读句子。

（师生合作读文。）

师：第三段话也没有提示语，如果你来加的话，会加什么呢？

生：温和。

师：你试着读出来。

生：友好地说。

师：你也读读。

师：一听就知道陶罐非常有修养，我们再看看陶罐的话使用的标点是——

生：句号。

师：下面同桌两人一起合作着读读他们的对话。

（同桌合作读文。）

师：下面老师请一名男生读铁罐，一名女生读陶罐，老师读提示语，咱们一起读课文。

（师生合作读文，学生利用评价表评价两名学生。）

师：老师把提示语都去掉，男同学读铁罐的话，女同学读陶罐的话。

（男女同学合作分角色朗读课文。）

4. 学习对话的规范表达。

师：同学们看到老师屏幕上的提示语和课本有什么不一样？

生：屏幕上的提示语都在前面，并且每一句都有提示语。课本上的提示语有的在后，有的在中间，并不是每一句话都有。

师：是啊，如果都在前面的话，你有啥感觉？是不是每一句话都得需要提示语呢？

生：都在前面的话太单调、死板。有前，有后，有中间比较灵活。另外，有些话根据情绪变化自然就知道了，不需要再加提示语。

师：太棒了，不过提示语在不同的位置，所使用的标点符号不一样。在前的提示语，后面用冒号，说的话用引号；在后面的提示语，后面用句号；在中间的提示语，后面用逗号。希望大家注意规范使用。

学习任务三：借助语言表达渗透表达道理

师：两个罐子就这样度过了好多年，后来发生什么了呢？请一位同学读读后面的段落。

（生读文 10—17 段。）

师：被挖掘出来的陶罐就这样孤单一人被放到了博物馆的柜子里。在夜深人静的夜晚，他明白了一个道理——

生1：我们不能太骄傲，骄傲了就会丢脸。

生2：陶罐太想念铁罐，他在想铁罐为什么不见了呢？那是因为他有短处。

生3：铁罐被腐蚀了。陶罐虽然怕碰撞，但是不怕腐蚀，每个人都有自己的特点，都有自己的长处。

师：是啊，同学们，我们这节课认识了一个霸道的铁罐，可惜多年之后没了踪影；认识了一个谦和的陶罐，虽然怕碎，但是成为文物。每个人都要看到自己的优缺点。下一节课我们要把生字写好，拿到第三颗星；继续读一读拓展阅读的故事。

【总评】

《陶罐和铁罐》是统编语文教科书三年级下册第二单元的一篇现代寓言故事，这是一篇比较经典的文章，曾选编为人教课标版教材。面对这样一篇传统的老课文，如何改变传统课文"讲内容、教寓意"的思路，在教学中体现新课标精神，践行素养导向教学理念，李老师的这节课在以下几个方面为我们做了较好的示范：

一、素养导向下的课堂教学追求教学方式的转变

传统课堂以教师的讲授为主，进行知识的传递，从课堂目标到教学过程都是以教师为中心进行课堂设计。素养导向的课堂教学教师的角色应该从教学转变为助学，这是李老师这些年以来研究助学课堂的核心理念。在本节课的学习中，李老师教得简单，为学生提出学习任务之后，学生在需要获得学习帮助时，李老师恰如其时出示词语理解和有感情朗读两个助学策略。学生在这两个助学策略帮助之下获得了词语理解和感情朗读的方法，使学习得以发生。这一教学环节彰显出李老师这节课"为学而教"的理念，真正体现出了课堂是学生学习发生的地方，改变了传统课堂作为知识传授型存在的应然状态。

二、素养导向下的课堂教学追求学习方式的变革

学生学习方式的变革是课堂教学改革的核心，新课程标准倡导的任务群理念，其本质就是从学习内容的变革带动学习方式的变革。本节课设计词语学习、有感情朗读、醒悟道理这三个学习任务，串联起本节的学习主线，让学生在完成相互关联的学习任务时，经历真实的语文实践活动，通过积极主动的学习建构，指向核心素养的提升。李老师在本节课中提出了如何做到有感情朗读课文的学习任务。学生在助学策略的帮助下发现本课是以人物对话为主，并且对话前大多带有提示语。这一教学环节的设计是教师从学生如何学的角度进行设计的，而不是教师直接利用分角色朗读，给予学生"利用提示语"这些标签式的技巧进行指导。李老师课堂设计的巧妙之处在于，前一个学习任务是如何理解词语，后一个任务紧接着就是如何将提示语中的词语通过朗读人物对话把自己的理解体现出来。这两个学习任务具有一定的进阶性。学生通过主动完成挑战性的学习任务，经历如何有感情朗读课文，提升了课文朗读的能力。

三、素养导向下的课堂教学追求过程性的课堂评价

2022年版义务教育语文课程标准在课程理念中明确指出，评价要有利于促进学生学习，改进教师教学。从教学的整体来看，课堂评价应该是教学中的一个环节，理应镶嵌于课堂教学之中。素养导向的课堂追求过程性评价，应该发挥让学生的学习具体可视的效果。课堂教学中，李老师设计了词语学习和有感情朗读两个评估量规，让评价有依据，让水平可衡量，让学习再发生。李老师在课堂中使用朗读评价表格来促进学生学习，效果十分明显，也是这节课极具价值的研究之处。学生第一遍读完课文之后，李老师出示了评价表，学生依规评价，发现不能得到三颗星。此时，教师指导学生利用评估量规的第三条，引导学生如何把提示语中表现人物神态或情绪的词语通过相应的方式表达出来，从而来体会这样语句应该表达什么样的心情，适合运用什么样的语气朗读。学生在这一条评估量规的启发下，通过加入"仰脸、叉腰、跺脚"等动作或神态表达出了铁罐从轻蔑到

愤怒的情绪变化，最终完成了有感情朗读的学习任务。与此同时，学生体会到了人物性格特点，明白其中的寓意，学习目标也就顺利地达成了。纵览这一学习环节，学生完成有感情朗读课文这一学习任务，不是教师从朗读技巧方面教给学生的，也不是贴标签式的技术指导，而是学生借助表现性的评估量规自主学习的结果。课堂嵌入表现性评估量规，充分发挥了以评促学的作用，这就是李老师所倡导的"重学育能"课堂所追求的评价效果。

如何在新课标理念下完成统编教材的学习任务，是目前大家研究的一个重点。教师作为课程的实施者，应该更大精力研究如何用现有的学习载体，改变教学理念，落实课标精神，提升学生的素养，李老师的这节课给了我们许多的启示与引领，值得我们深入研究。

（执教：李玉玺　评析：东营市教育科学研究院　刘知晓）

第八章
助学课堂的价值意义与思考

一、助学课堂实现学习方式的变革

助学课堂实现学习方式变革的主要特征体现为"学中心"。实践证明，助学课堂实现了以"学"为中心的理念转变，凸显了"以学习者为中心""以学习行为为中心"，经过问卷调查和毕业生追踪数据分析，助学课堂使学生在以下方面有了较大的变化，这些变化来源于助学课堂对传统课堂的革新，来自于学生在课堂中的角色回归。

（一）助学课堂提高了学生的课堂地位

传统的课堂教学中，学生是被动的接受者，充当的是听众的角色，知识学习基本路径主要是听。助学课堂中，学生在问题驱动下主动学习、积极思考，教师在学习困难时进行助推、点拨，知识学习的渠道是学生自己思考、探究。助学课堂使学生真正成为了课堂学习的主人，彰显了学生的主体地位。

（二）助学课堂提升了学生学会学习的能力

助学课堂围绕学生如何学习进行研究，教师思考的是采用怎样的助学策略帮助学生完成学习任务，形成学习能力。助学策略成为了学生学习的有效支架，从而帮助学生掌握科学的学习方法，进而在不断的实践探索中，内化成为了学生的学习能力。学生在教师助力之下完成一个完整的学习历程，学会了学习的方法，提升了能力。说到底，助学课堂最大限度地吻合了学习的本质规律，符合了学生的认知特点。学生不再单纯是知识的接受者，而能够在教师助学策略的引导下，通过自主学、主动学实现自我知识体系的建构。

（三）助学课堂夯实了学生的语文素养

助学课堂突出以"学"为中心，通过五种学习单元的建构，重构了高质量的学习资源。学习单元中统整的学习资源，不仅为学生的阅读而增量，更为语文素养的形成而提质。助学课堂通过诵读教材《清音》《"1+1"助学课堂读本》以及各个年级整本书的阅读，夯实了学生的语文素养。

二、助学课堂实现教学理念的变革

助学课堂实现教学理念的变革主要体现在改变了"教为本"。助学课堂中，教师的教学行为由"教学"转为"助学"，重新定义了教师的角色。

日本学者佐藤学曾说过：如果说19世纪和20世纪的教师都是"教的专家"，那么21世纪的教师则必须成为"学习行为的设计者"。英国也提出了迈向新世纪教师的12个角色分别是：课程评审者、学生评判者、良师益友、学习促进者、现场示范者、讲课榜样、讲师、实践课传授者、学习材料编撰者、学习指南编写者、课目组织者、课程计划者。芬兰教育更是将教师的角色定位为资源的提供者和课程开发者，要求教会学生沟通技能、批判性思维、团队合作、解决问题等能力。纵观这些理念，我们不难发现，教师的角色已经悄然发生了转变，从过去单一知识的传授者转换成为学生学习行为发生的助推者，从"教学"转为"助学"。

当下，要想真正建立起以核心素养为导向的新型课堂，首先要致力于构建让学生得以自主学习的课堂，实行让学生潜能和学习能力得以发挥的教学方式，其次要致力构建以学为主线、以学为本的课堂教学结构。这就真正理清了教师和学生在课堂学习中的分工，教师要从研究如何教转向研究如何帮助学生学，学生要从被动地听转向由浅到深、由表及里、由片面到全面、由不知到知、由不会到会的认知学习。因此，学生的学习从"被动知识学习"转为"自我素养提升"，从被动的知识接受，转为在教师助学策略的引导下，通过自主学、主动学而实现自我学习体系的建构、自我素养的提升。助学课堂实现了让教师回归了应有的本位，具体表现在以下几个方面：

（一）助学课堂让教师回归了应有的本位

学习，是学生以已有的知识和经验为基础，主动建构新知识的过程。从本质上讲，学习应该是学生自己学会的，并非教师教会的。助学课堂遵循学习本质规律，明确课堂应该是一个助学的场所，教师应该是学生学习发生的促生者、助推者，是学生合作、探究学习的帮助者。鉴于学生在学习中获得的知识零散、模糊和浮浅的现状，教师教学的行为与任务应为帮助学生整理知识、提升能力，让模糊的知识变清晰，让浮浅的知识变深刻，让零散的知识变得结构化，这才是教师应有的本位。

（二）助学课堂明晰了教师的教学指向

传统课堂教学中，教师的教学指向是关注教学方法和知识的传授。助学课堂中，教师的教学指向是提供怎样的助学策略帮助学生能力的提升。教学指向的改变，体现出教师教学理念的革新，更体现出教师专业发展方向的变革。助学课堂明晰了教师的教学方向，赋予教师专业发展蓬勃旺盛的生命力。

（三）助学课堂改变了教师专业成长的样态

助学课堂学习单元的建构指向的是课程层面的研究，有效开阔了教师课程视野，倒逼了教师专业成长。助学策略的研究指向学生深度学习，倒逼教师思考课堂教学方式。助学课堂以评促学的研究，倒逼教师从"教、学、评、研一致性"上全面思考教学问题，有利于全面提升教师专业发展。助学课堂对教师专业发展的倒逼机制，从一定程度上提升了教师课堂研究能力和业务水平。

三、助学课堂实现教学生态的重构

助学课堂实现教学方式的转变、学习方式的转变，其实就是对课堂教学生态的重构，其表现为：

（一）课堂由知识逻辑结构变为学习逻辑结构

传统课堂中，教师主要关注自己的教学内容是否全面到位，是以知识逻辑结构为主的教学。助学课堂中，教师围绕语文学科的核心素养重构学习单元，以学科知识的教学为载体，注重学生主动建构知识体系能力的培养，促进课堂生态转向为学习逻辑结构，注重学生学科素养转变。这是小学语文课堂生态重构后的显著特征之一。助学课堂核心是"学为核心"的课堂，这里的"学"包含两层含义：一是指学生，二是指学习行为。助学课堂以"学生"为中心的理念是教学理念的变革，是落实课堂学生主体地位的有效体现，这种教学理念的变革改变了教师教学行为"目中无人"的现状，让课堂成为了学生学习活动的场所，学生主体地位得到了落实；助学课堂以"学习行为"为中心的理念是教学方式的变革，课堂上教师关注学生的学习过程，而不是关注自己的教学内容，教师的教成为学生学习的帮助，在教师的帮助下，学生自主、合作、探究的学习方式应然发生。课堂真正成为了学习发生的场所，成为了学生探究的场所。助学课堂重构了课堂生态，改变了当前小学语文课堂以讲解传授知识为逻辑顺序的课堂结构，向着以学生主动建构学习为逻辑结构，向着提升学生的学科素养为逻辑内涵的课堂教学转变。

（二）助学课堂让学生从浅表性学习走向了真实性学习

传统课堂中，学生的学习以被动接受为主，只是停留在浅表的知识学习层面。助学课堂中，教师助学策略的选择催生了学生的学习行为，改变传统课堂中学生被动听讲所造成的虚假性学习状态，使学生走向了真实性学习，迈入了深度学习的层面。学生在课堂上主动学习的行为和真实的学习状态，重新构建起课堂的新生态。

助学课堂学习单元的建构，为学生的学习发生奠定了基础。助学课堂的学习单元是围绕语文学科素养的形成而组织起来的，它体现学科知识，学生能力培养等，能够激发学生参与学习活动、促进学生素养提升。这是小学语文课堂生态重构的显著特征。在学习过程中，教师助学策略的选择催生了学生的学习行为，改变以往被动听讲式容易造成的虚假性学习，让学生课堂学习走向了真实性学习，迈入了深度学习的层面。学生真实学习的发生和课堂的参与度重新构建起课堂的新生态。助学课堂中评价量规的实施，成为课堂教学的环节，以评价促进学生学习的发生，让课堂提升了质量，呈现出课堂新的生态。

（三）表现性评价镶嵌进了助学课堂

课堂评价要以促进学生的学习发展为目标，在以往的教学过程中，课堂评价是以单一的终结性评价为主，这样的评价方式存在简单、机械的弊端，无法全面有效反馈学生真实的学习能力和水平。助学课堂以评价量规的方式将表现性评价镶嵌于教学过程中，实现教、学、评的内在统一，以评价促发展，提升课堂质量，使课堂呈现出新的生态。

四、助学课堂实现学科育人的目标

当前我国基础教育课程教学的目标已经从传统的"知识素养时代"发展成为"核心素养时代"。因此，各个学科要审视本学科的育人价值，结合学科特点梳理素养目标的实施表现，探索培育学生核心素养的具体实施路径。语文学科落实核心素养目标的基本路径就是通过落实语文学科核心素养来实施，具体来说，就是为学生创设听、说、读、写等语言文字运用的实践活动情境。

在具体的教学实践中，教师要善于从具体的教学任务活动出发，分析语文教学与核心素养目标的关联，从落实学生素养的视角进行教学，设计学习任务。在学习任务的达成中落实语文学科核心素养，进而达成学生核心素养的培养目标。

"助学课堂"研究提出的三个方面——基于大概念学习单元的构建、助学策略的选择、评估量规的嵌入，都是从落实学生语文学科核心素养的角度指向学生人文底蕴、自主发展等方面核心素养的形成。因此，助学课堂研究最终指向的是学科育人的教育目标。

后 记

2022年山东省组织基础教育教学成果评选活动，历经层层选拔，我研究了数十年的"助学课堂"被推荐参加省级评选。作为一名一线教师，能够参评实属不易。十年来，我攻读了聊城大学的教育硕士学位，研究思考课程整合下的"助学课堂"；攻读了新加坡南洋理工大学的教育硕士学位，撰写的毕业论文题为《素养导向下的"助学课堂"》；历经齐鲁名师三年的培养，凝练的教学思想也为"助学课堂"提供指导。"助学课堂"的思考伴随着我的专业成长，每一个阶段的思考都在不断完善、提升。我十分珍惜这次评选机会，因此，我带着全部资料，在年味未消的寒冬坐车南下，请教南京师范大学的李如密教授。

"听君一席话，胜读十年书"，在那个寒冷的冬日，我感悟到了这句话的真谛。李教授用了足足一个下午的时间与我深入交谈，他用专业的视角对"助学课堂"这一成果进行了剖析。李教授指出："助学课堂"是针对"以教为主的课堂现状造成的学生学习能力培养不足的问题提出的实施策略"，究竟要达成什么样的课堂改革目标，指向应该更明确。纵览整个课堂教学改革，助学课堂最终追求的课堂改革目标应该是"重学育能"，即让课堂现状从"重教"转向"重学"；让教师理念从"育分"转向"育能"。李教授用"重学育能"一词一语破的，指明了"助学课堂"的课改目标，这真可谓是"提领而顿，百毛皆顺"。思考了数十载的课堂教学，得益于一趟南京之行，如今醍醐灌顶。从南京回来的第二天便是元宵节，我却无暇顾及，在办公室里按照李教授的指导对成果梳理了整整一天，直到晚上小区响起鞭炮声，我才兴奋至极地回家。

最终，"助学课堂"的成果获得省级二等奖，作为一线教师来说，我感到十分欣慰。教学成果的评选堪称"教学界中的奥林匹克竞赛"，在一定程度上，它是综合评定的结果，其特征之一是媒体对成果产生的影响与推介，一线教师在此方面暴露了明显的短板，这也是该成果未能获得更好奖次的原因之一。该成果于 2022 年底再一次被专家推荐参加国家教学成果评选。这两次推荐和评选，令我欣喜之处莫过于我找到了课堂改革的目标，明确了教学改革的方向，更令我兴奋的是，成果的核心理念与国家新颁布的 2022 版课程标准倡导的课堂教学改革理念高度一致。

  2022 年版义务教育课程标准突出的亮点和重要标志是确立了核心素养观，这是落实"立德树人"的重要表征。"核心素养"概念的提出，预示着学生的学习方式将发生重大改变，学生的学习不再是一个单向度的、线性的过程，教师不再如同搬运物体一样，把学生需要的东西从自己的库存或课本上取出来，原原本本地输送到学生的库存之中，而是让学生介入其中，不仅识记"是什么"，而且探究"为什么"和"怎样做"。这一理念与"重学育能"研究中的"教师要从重教转向重学，课堂要从知识传授转向能力培育"核心要义不谋而合。

  这一研究属于个人教育教学之路上的阶段性成果，理论体系虽然不尽完善，逻辑层级也有待于进一步的提升，但是它足以成为个人专业发展的一个里程碑，为此值得集结成册。在福建教育出版社的支持下，在丁毅编辑的精心雕琢下，该书得以出版，在此深表感谢。借此机会也要感谢我的团队，工作室成员接力研究，才让成果得以不断丰腴。在这里更要感谢南京师范大学李如密教授给予的支持与帮助，在李教授的提升下成果才得以凝练成型。

  课堂教学改革永远是一个进行式，要随着社会的发展、时代的进步而不断完善。未来，作为一线教师的我们要继续贴地行走，不忘初心，坚守一线，躬身实践，敢于探索并矢志不渝。

李玉玺
2024 年 1 月于黄河入海口